U1013430

Chinese Proficiency Grading Standards for International Chinese Language Education

国际中文教育中文水平等级标准

词汇速记速练手册

Quick Vocabulary Handbook

万 莹 编著

二级
Level 2

北京语言大学出版社
BEIJING LANGUAGE AND CULTURE UNIVERSITY PRESS

© 2022 北京语言大学出版社，社图号 22061

图书在版编目（CIP）数据

国际中文教育中文水平等级标准．词汇速记速练手册：二级 / 万莹编著．-- 北京 ：北京语言大学出版社，2022.11 (2025.5重印)

ISBN 978-7-5619-6121-6

Ⅰ.①国… Ⅱ.①万… Ⅲ.①汉语－词汇－对外汉语教学－课程标准 Ⅳ.① H195.3

中国版本图书馆 CIP 数据核字（2022）第 196461 号

国际中文教育中文水平等级标准·词汇速记速练手册（二级）

GUOJI ZHONGWEN JIAOYU ZHONGWEN SHUIPING DENGJI BIAOZHUN · CIHUI SU JI SU LIAN SHOUCE (ER JI)

排版制作：北京光大印艺文化发展有限公司
责任印制：邝 天

出版发行：北京语言大学出版社
社 址：北京市海淀区学院路 15 号，100083
网 址：www.blcup.com
电子信箱：service@blcup.com
电 话：编 辑 部 8610-82303647/3592/3724
国内发行 8610-82303650/3591/3648
海外发行 8610-82303365/3080/3668
北语书店 8610-82303653
网购咨询 8610-82303908
印 刷：天津鑫丰华印务有限公司

版 次：2022 年 11 月第 1 版　印 次：2025 年 5 月第 2 次印刷
开 本：787 毫米 × 1092 毫米 1/16　印 张：13.25
字 数：167 千字
定 价：55.00 元

PRINTED IN CHINA

凡有印装质量问题，本社负责调换。QQ：1367565611，电话：010-82303590

编写说明

《国际中文教育中文水平等级标准·词汇速记速练手册》（以下简称《词汇速记速练手册》）依据教育部和国家语委联合发布的《国际中文教育中文水平等级标准》（GF 0025—2021）（以下简称《标准》）的“词汇表”进行编写，是面向中文学习者的实用型词汇学习用书。

《词汇速记速练手册》依照《标准》“三等九级”的划分情况，共七个分册，分别收录初等一级 500 词、二级 772 词、三级 973 词，中等四级 1000 词、五级 1071 词、六级 1140 词，高等七—九级 5636 词。初等及中等分册内部以 20 个词语为一单元，高等分册内部以 60 个词语为一单元，力求将词汇学习化整为零，充分利用学习者的碎片化时间，提高词汇学习的效率，学习者可以每天完成一单元词语的学练。《词汇速记速练手册》按音序编排词语，分别从读音、词性、释义、用法四个维度对词语进行说明和展示。

《词汇速记速练手册》既可以作为学习者的 HSK 备考用书，也可以作为学习者自主学习中文词汇的学习用书。搭配中的短语、例句尽量从多角度展示词语的各种常见用法，以便学习者能够通过短语、例句的学习切实掌握词语用法。《词汇速记速练手册》初等一—三级词语的短语、例句用词以不超出该等级“词汇表”的范围为原则，自中等四级开始，每个词语的短语、例句的用词以不超出该单元之前“词汇表”的范围为原则，目的是让学习者通过对《词汇速记速练手册》的学习逐步扩大词汇量，便于学习者自主学习，降低词汇学习难度。为了兼顾短语、例句的丰富性与实用性，部分短语和例句中出现了“超纲词语”，对于这种情况，我们对“超纲词语”加注拼音与英文释义，以帮助学习者理解。

《词汇速记速练手册》初等及中等分册的内部体例分为“目标词语”“速记”“速练”三部分。

“目标词语”给出本单元需要记忆与掌握的词语，让学习者先有一个整体印象和词语学习目标。“速记”给出词语的拼音、词性、英文释义、搭配。其中，搭配中的目标词语以下画线形式进行标示，短语、例句的选择与编写力求做到典型常用，强调词语在实际语境中的运用，并严格控制“超纲词语”的数量与难度。“速练”对目标词语进行强化练习，分三个题型，各有侧重，互为补充：注音与释义连线题侧重对目标词语语音及语义理解的操练，选词填空题侧重对词语意义及用法的考查，完形填空题侧重对易混淆词语的区分。

《词汇速记速练手册》高等分册取消了“目标词语”板块，每单元 60 个词语分为三个部分，每单元、每部分均配有形式多样的练习。在高等词汇学习阶段，考虑到学习者对部分词语深入了解及词语辨析的需要，增设“重点词语”板块，对较难理解、用法复杂的词语进行进一步讲解与练习，这部分内容将以电子资源的形式呈现，扫描书后二维码即可获取相关资料，学有余力或对中文词汇有更深入了解需要的学习者可以自主学习。

词汇是国际中文教育的重点教学内容，这一点已成为业界共识，但词汇系统个性大于共性的特点也决定了词汇教学一直是国际中文教育中的薄弱环节。如何提高词汇学习效率，如何快速扩大学习者词汇量，这些问题编者一直在思考。《词汇速记速练手册》就是编者从教学实际出发，帮助中文学习者自主学习中文词汇的一种积极尝试。书中存在的不足，恳请广大使用者批评指正。

编者

2022 年 7 月

Introduction

Chinese Proficiency Grading Standards for International Chinese Language Education: Quick Vocabulary Handbook (hereinafter referred to as *Quick Vocabulary Handbook*), written in accordance with the "Vocabulary List" in *Chinese Proficiency Grading Standards for International Chinese Language Education* (GF 0025–2021) (hereinafter referred to as *The Standards*) co-released by China's Ministry of Education and State Language Commission, is a practical vocabulary book for Chinese language learners.

Based on the division of three stages and nine levels (elementary stage: Levels 1–3; intermediate stage: Levels 4–6; advanced stage: Levels 7–9) in *The Standards*, the *Quick Vocabulary Handbook* is divided into seven volumes, respectively including 500 words of Level 1, 772 words of Level 2, 973 words of Level 3, 1,000 words of Level 4, 1,071 words of Level 5, 1,140 words of Level 6, 5,636 words of Levels 7–9. Each unit in the elementary and intermediate volumes has 20 words, while each unit in the advanced volume has 60 words, aiming to break up vocabulary learning into bits and pieces, so that learners' fragments of time can be made use of and their learning efficiency can be improved. Learners can finish learning and practicing one unit a day. The words are arranged in alphabetic order and are explained and demonstrated from four aspects—Pinyin, word class, definition, and usage.

The *Quick Vocabulary Handbook* can be used not only as a HSK preparation book, but also as a Chinese vocabulary study guide for self-directed learners. The collocations are phrases and example sentences that illustrate common usages of the words from various perspectives to help learners master these usages. For the phrases and sentences of the elementary words of Levels 1–3, the principle is that they should not use words that exceed the scope of the "Vocabulary List" of the corresponding level; starting Level 4, each word used in the phrases and example sentences should not exceed the scope of the "Vocabulary List" before the current unit. The purpose is to help learners expand their vocabulary step by step by using the *Quick Vocabulary Handbook*, facilitate autonomous learning, and reduce the difficulty. With diversity and practicality taken into account, certain phrases and example sentences include words beyond the scope, which are provided with Pinyin and English definition to help learners understand them.

Each elementary or intermediate volume consists of three sections: "Target words", "Quick memory", and "Quick practice".

"Target words" lists the words to be memorized and mastered in the current unit to give learners a whole picture and clear target. "Quick memory" offers the Pinyin, word class(es), English definition(s), and collocations of each target word. The target words are underlined in the collocations, and the phrases and example sentences selected and written are typical and frequently used. How the words are used in real situations is emphasized and the number and difficulty of the words beyond the scope are strictly controlled. "Quick practice", an intensive practice of the target words, includes three types of exercises, which differ in emphasis and complement one another. The pronunciation/definition matching exercise emphasizes the understanding of the pronunciations and definitions of the target words, the multiple-choice exercise stresses word meanings and usages, and the cloze exercise focuses on the differentiation between confusable words.

The "Target words" section is removed from the advanced volume, in which each unit includes 60 words that are divided into three parts. Each part is provided with various forms of exercises. At the stage of advanced vocabulary learning, learners need to understand certain words deeper and to differentiate certain words. In light of that, a new section—"Focus words"—is added to provide further explanation of and exercise on words that are difficult to understand and complicated in usage. This section is presented in the form of digital resources that can be obtained via the QR code on the back cover of the book. Learners who have extra energy or want to have a deeper understanding of Chinese vocabulary can learn these resources independently.

It is generally agreed within the field that vocabulary is a focus of international Chinese education, but the fact that vocabulary systems have more differences than commonalities makes vocabulary teaching a weak link in international Chinese education. I've been constantly looking for ways to improve learners' vocabulary learning efficiency and to expand their vocabulary faster. The *Quick Vocabulary Handbook*, based on the reality of teaching, is one of my positive attempts to help Chinese language learners learn Chinese vocabulary independently. Any comments or suggestions you may have on this book would be highly appreciated.

The Author

July 2022

目 录

第1单元　Unit 1

◎ 目标词语　Target words

1. 啊	2. 爱情	3. 爱人	4. 安静	5. 安全
6. 白色	7. 班长	8. 办	9. 办法	10. 办公室
11. 半夜	12. 帮助	13. 饱	14. 报名	15. 报纸
16. 北方	17. 背	18. 比如	19. 比如说	20. 笔

◎ 速记　Quick memory

1　**啊**　a　*pt.*　*used at the end of an exclamation sentence to express appreciation or at the end of an interrogative sentence to express doubt*

多好的人啊！
今天星期几啊？

2　**爱情**　àiqíng　*n.*　love (between a man and a woman)

爱情电影；他们的爱情
这是一段大学校园里的爱情故事。
在爱情的问题上，没有谁对谁错。

3　**爱人**　àiren　*n.*　spouse, husband or wife

我爱人；李老师的爱人
他爱人是一位中文老师。
我来介绍一下儿，这是我爱人小王。

4　**安静**　ānjìng

（1）*adj.*　quiet
很安静；安静的教室；安静地读书
图书馆里很安静。
小男孩儿安安静静地坐在那儿看书。
（2）*v.*　be quiet
请大家安静一下儿，我有话要说。
你们快走吧，让我安静安静。

5　**安全**　ānquán

（1）*adj.*　safe
不太安全；安全回家
我们安全到家了。
车开得太快不安全。
（2）*n.*　safety
开车时，安全是最重要的。
人人讲安全，安全为人人。

6 **白色** báisè *n.* white

喜欢白色；白色的衣服
牛奶、米饭都是白色的。
前边那座白色的楼是医院。

7 **班长** bānzhǎng *n.* class monitor

一位班长；当班长；选班长
当班长后，他学习更认真了。
他是我们大家选出来的班长。

8 **办** bàn *v.* do

怎么办
这件事情好办。
这件事你去办吧。

9 **办法** bànfǎ *n.* way, method

好办法；一个办法；想办法
碰到问题，我们要多想办法。
要学好中文，只有多说多练，没有别的办法。

10 **办公室** bàngōngshì *n.* office

一间办公室；在办公室；207 办公室
办公室里坐着几位老师。
请问，王老师的办公室在哪儿？

11 **半夜** bànyè *n.* half of a night, midnight

前半夜；工作到半夜；半夜一点
晚饭时喝了茶，我到后半夜才睡着（shuìzháo，fall asleep）。
他忙到半夜才回家。

12 **帮助** bāngzhù *v.* help

帮助同学；得到帮助
他很热情，常常帮助别人。
在同学们的帮助下，他的中文越来越好。

13 **饱** bǎo *adj.* full

很饱；吃饱；吃得很饱
我饱了，你们慢慢吃。
我现在还很饱，一点儿也不饿。

14 **报名** bào//míng enter one’s name (for something)

报名参加；报个名
他报名参加考试。
明天的活动我没报上名。

15 **报纸** bàozhǐ *n.* newspaper

一份报纸；看报纸；报纸上

您好，我买份报纸。
爸爸边吃早饭边看报纸。

16 **北方** běifāng *n.* north

中国北方；北方人
北方的冬天又冷又干。
他刚来北方时，吃、住都不习惯。

17 **背** bèi *v.* recite

背课文；背生词；背不完
老师常常让我们背课文。
这段话太难了，我不会背。

18 **比如** bǐrú *v.* for instance

我的爱好很多，比如旅行、看电影等。
小孩子喜欢玩儿的地方有很多，比如：动物园、公园。

19 **比如说** bǐrú shuō for instance

我觉得生活中有很多东西比钱重要，比如说健康。
北京有很多好玩儿的地方，比如说长城（Chángchéng，the Great Wall）、故宫（Gùgōng，the Imperial Palace）等。

20 **笔** bǐ

（1）*n.* pen
买笔；用笔写；笔友
桌子上放着很多笔。
这支（zhī，*a measure word for stick-like things*）笔很好用。
（2）*m.* *a measure word for sums of money, strokes, etc.*
一笔钱；一笔收入
他拿出一笔钱来给孩子买电脑。
“天”字有四笔。

◎ 速练 Quick practice

一、先根据词语写拼音，再将词语和正确的英文释义连起来
Write Pinyin according to the words, and then match the words with the correct English definitions.

1. 爱情 ________	A. help
2. 安静 ________	B. enter one's name (for something)
3. 安全 ________	C. recite
4. 帮助 ________	D. half of a night, midnight
5. 半夜 ________	E. for instance
6. 报名 ________	F. safe; safety
7. 背 ________	G. love (between a man and a woman)
8. 比如 ________	H. quiet; be quiet

二、选择合适的词语填空 Choose the right words and fill in the blanks.

（一） A. 啊 B. 爱情 C. 爱人 D. 安静 E. 安全

1. 这本小说写的是一个 ____ 故事。
2. 王老师的 ____ 也是中文老师。
3. 同学们正在考试呢，教室里很 ____。
4. 出门在外，____ 第一。
5. 这儿真美（měi，beautiful）____！

（二） A. 白色 B. 班长 C. 办 D. 办法 E. 办公室

1. 同学们都选李明当 ____。
2. 我忘了带作业，怎么 ____？
3. 小明，李老师在 ____ 等你呢。
4. 下雪了。你看，____ 的雪花真美啊！
5. 这是一个好 ____，我们可以试一试。

（三） A. 半夜 B. 帮助 C. 饱 D. 报名 E. 比如说

1. 我今天早上吃得太 ____ 了。
2. HSK 考试是在这儿 ____ 吗？
3. 他有很多爱好，____ 画画儿、唱歌。
4. 快 ____ 了，他怎么还没回来？
5. 你现在有时间吗？我需要（xūyào，need）你的 ____。

（四） A. 北方 B. 背 C. 比如 D. 报纸 E. 笔

1. 桌子上有好多支不同颜色的 ____。
2. 爸爸每（měi，every）天早上都要看 ____。
3. 这段话说得真好，老师让我们 ____ 一 ____。
4. 他在北京出生，是 ____ 人。
5. 中国的很多城市（chéngshì，city）都受到外国游客的欢迎，____ 北京。

三、选择合适的词语完成句子 Choose the right words to complete the sentences.

1. 我非常喜欢看《我 ____ 我家》。

   A. 爱情 B. 爱

2. 我爱去图书馆学习，因为那里很 ____。

A. 安静　　B. 安全

3. 你能 ____ 我一个 ____ 吗？

A. 帮……助　　B. 帮……忙

4. 今天 ____ 上的新闻你看了吗？

A. 报名　　B. 报纸

5. 你在哪儿呢？我等了你 ____，你怎么还没来啊？

A. 半天　　B. 半夜

第2单元　Unit 2

◎ 目标词语　Target words

21. 笔记	22. 笔记本	23. 必须	24. 边	25. 变
26. 变成	27. 遍	28. 表	29. 表示	30. 不错
31. 不但	32. 不够	33. 不过	34. 不太	35. 不要
36. 不好意思	37. 不久	38. 不满	39. 不如	40. 不少

◎ 速记　Quick memory

21　**笔记**　bǐjì　*n.*　notes

读书笔记；做笔记；记笔记
看书时，他有做笔记的习惯。
上课时，小明一边听，一边记笔记。

22　**笔记本**　bǐjìběn　*n.*　notebook; laptop

一个笔记本；买笔记本；笔记本电脑
开学第一天，老师让我们准备了三个笔记本。
这个笔记本电脑很轻，带着很方便。

23　**必须**　bìxū　*adv.*　must, have to

学习必须认真。
你必须参加明天的考试。
他病得很重，必须马上送医院。

24　**边**　biān

（1）*n.*　side
大海边；路边；身边；床边
路边停着很多车。
爷爷坐在桌边喝茶。
（2）*adv.*　*indicating two actions happening at the same time*
边吃边看；边听边写；边唱边跳
教室里，同学们边听老师讲课，边记笔记，边想问题。

25　**变**　biàn　*v.*　change, become different

变大；变了很多；变得不认识了
这件衣服变小了。
十年过去了，可大家一点儿也没变。
小孩儿的脸，说变就变，一会儿哭，一会儿笑。

26　**变成**　biànchéng　chang into, develop into

下雪了，校园都变成了白色。
他爱买书，家里变成了图书馆。

27 **遍** biàn *m.* *a measure word for an action from the beginning to the end*

读一遍；听一遍；看一遍
这本书我看了三遍。
我没听明白，你能不能再说一遍？

28 **表** biǎo *n.* watch; form

一块表；计划表；一张（zhāng，*a measure word for paper, desks, etc.*）表
他看了看表，时间还早。
您好，我来交报名表。

29 **表示** biǎoshì

（1）*v.* show, express
表示欢迎；表示感谢
主人对客人表示欢迎。
他表示今后一定努力学习。
（2）*n.* expression
一种（zhǒng，kind）表示；友好的表示
你进门他就对你笑，这是友好的表示。
他答应了，没有一点儿不满的表示。

30 **不错** búcuò *adj.* good

非常不错；写得不错
他中文说得很不错。
这家电影院条件很不错。

31 **不但** búdàn *conj.* not only(..., but also...)

不但……，（而且……）
他不但中文说得好，而且汉字也写得不错。
不但马克会说中文，他的妹妹也会说中文。

32 **不够** búgòu

（1）*v.* lack
钱不够；水平不够
要完成这么多工作，一天的时间不够。
我们要十个人，现在只有五个，人不够。
（2）*adv.* not enough
不够认真；不够高；不够顺利
这儿的服务不够热情。
我觉得自己的中文说得还不够好。

33 **不过** búguò *conj.* but

这件衣服漂亮是漂亮，不过太贵了。
这件事情不难，不过要花一点儿时间。

34 **不太** bú tài not too

不太高；不太喜欢；不太想
今天不太热。

这个问题有点儿难，不太好懂。

35 **不要** búyào *adv.* don't

不要哭。
不要难过。

36 **不好意思** bù hǎoyìsi feel shy or sorry

不懂就问，别不好意思。
第一次在那么多人面前唱歌，她有点儿不好意思。

37 **不久** bùjiǔ *adj.* soon, shortly after

玛丽刚来中国不久，中文说得不太好。
他是5月出生的，不久他爸爸就出国了。

38 **不满** bùmǎn *adj.* discontented, dissatisfied

非常不满；表示不满；对他不满
经理对他很不满。
你这么说，是对我表示不满吗？

39 **不如** bùrú *v.* be inferior to

火车不如飞机快。
哥哥唱歌不如弟弟。

40 **不少** bù shǎo many

不少同学都喜欢听他的歌。
公园里的花已经开了不少了。

◎ 速练 Quick practice

一、先根据词语写拼音，再将词语和正确的英文释义连起来

Write Pinyin according to the words, and then match the words with the correct English definitions.

1. 笔记本 ________	A. notebook; laptop
2. 必须 ________	B. show, express; expression
3. 不如 ________	C. change into, develop into
4. 不满 ________	D. lack; not enough
5. 不好意思 ________	E. must, have to
6. 表示 ________	F. be inferior to
7. 变成 ________	G. feel shy or sorry
8. 不够 ________	H. discontented, dissatisfied

二、选择合适的词语填空 Choose the right words and fill in the blanks.

（一） A. 笔记 B. 必须 C. 遍 D. 边 E. 变

1. 电影《中国医生》很好看，我看了三 ____。
2. 上课时，小明边听边记 ____。
3. 明天上午 8 点的会，你 ____ 参加。
4. 桌 ____ 有一个杯子。
5. 中国的孙悟空（Sūn Wùkōng，the Monkey King）会七十二 ____。

（二） A. 不少 B. 表 C. 表示 D. 不错 E. 不但

1. 他中文说得很 ____。
2. 生日的时候，妈妈送了我一块 ____。
3. 交通灯里的红灯（hóngdēng，red light）____ 要停下来，绿灯（lǜdēng，green light）____ 可以走了。
4. 妹妹 ____ 会唱中文歌，而且唱得很好听。
5. 我们班 ____ 人都看过那本书。

（三） A. 变成 B. 不够 C. 笔记本 D. 不太 E. 不要

1. 今天天气 ____ 热，我们去公园走走吧。
2. 考试的时候 ____ 说话。
3. 这次考试太难了，大家都觉得时间 ____。
4. 春天来了，草 ____ 了绿色。
5. 开会的时候，他习惯带一个 ____，边听边记。

（四） A. 不好意思 B. 不久 C. 不过 D. 不满 E. 不如

1. ____，这儿就会有医院、学校和超市了。
2. 大家都说他唱得好，说得他都 ____ 了。
3. 虽然今天不是周末，____ 电影院还是有很多人看电影。
4. 如果您对我们的服务有什么 ____，可以写在这个本子上。
5. 我家的房子 ____ 他家的大。

三、选择合适的词语完成句子 Choose the right words to complete the sentences.

1. 夏天来了，天气 ____ 热了。

A. 变　　B. 变成

2. 这件事 ____ 要办，而且要办好。

A. 不过　　B. 不但

3. 自己的事自己做，____ 总问父母（fùmǔ，parents）。

A. 不用　　B. 不要

4. 老师让我们多读几 ____ 课文。

A. 本　　B. 遍

5. 骑车 ____ 开车快。

A. 不如　　B. 不要

第 3 单元　Unit 3

◎ 目标词语　Target words

41. 不同	42. 不行	43. 不一定	44. 不一会儿	45. 部分
46. 才	47. 菜单	48. 参观	49. 参加	50. 草
51. 草地	52. 层	53. 查	54. 差不多	55. 长（cháng，*adj.*）
56. 常见	57. 常用	58. 场	59. 超过	60. 超市

◎ 速记　Quick memory

41　**不同**　bù tóng　different

不同的人；不同的方法；不同国家
不同的人看问题是不一样的。
这儿跟北京不同，冬天一点儿也不冷。

42　**不行**　bùxíng

（1）*v.*　no; be not allowed
学语言不多听多说是不行的。
A：我能出去玩儿吗？
B：不行。
（2）*adj.*　not good
我唱歌不行。
他在电脑方面不行。

43　**不一定**　bùyídìng　*adv.*　not necessarily

你不一定要去。
我说的不一定对。
A：今天会下雨吗？
B：不一定。

44　**不一会儿**　bù yíhuìr　in a moment, soon

小明不一会儿就把作业写完了。
妈妈走了不一会儿，爸爸就回来了。

45　**部分**　bùfen　*n.*　part, section, portion

一部分；大部分；部分问题；部分同学
这个部分是课文的重点。
这次考试分听、说、读、写四部分。

46 **才** cái *adv.* *used before words expressing quantity or time to indicate that the amount is small, the degree is low or that the time is either early or short; used after words expressing quantity or time to indicate that the speaker feels that something has occurred or finished rather late, or it has lasted for such a long time that an amount is great*

现在才6点，不急。电影7点半开始。
他8点半才到学校。
今天的工作太多，他忙到半夜才回家。

47 **菜单** càidān *n.* menu

一份菜单；饭馆的菜单
您看一下儿菜单。
菜单上的菜我大部分都吃过。

48 **参观** cānguān *v.* visit (a place)

参观动物园；参观图书馆；去参观
欢迎大家来我校参观。
我们去参观一下儿新的图书馆吧

49 **参加** cānjiā *v.* join, take part in, attend

参加小组活动；参加讨论；参加工作
玛丽打算明年参加HSK考试。

50 **草** cǎo *n.* grass

草地；绿色的小草
春天来了，草也绿了。
没有花香（xiāng, fragrant），没有树高，我是一棵（kē, *a measure word for plants*）无（wú, not）人知道的小草。

51 **草地** cǎodì *n.* grassland

一片草地；草地上
草地上开满了花。
人们坐在草地上休息。

52 **层** céng *m.* layer, floor, etc. (*a measure word for things that have separate levels*)

五层楼
这座教学楼一共有七层。
祝你工作更上一层楼。

53 **查** chá *v.* look up, find out

查地图；查词典
见到不认识的词，可以查词典。
你查一下儿下一班地铁什么时候到站。

54 **差不多** chàbuduō

（1）*adj.* very similar in standard, quality, etc.
这两件衣服样子差不多。
他们两个人的中文水平差不多。
（2）*adv.* nearly
差不多高；差不多写了两个小时
他们差不多大。
飞北京的机票差不多要一千块钱。

55 **长** cháng *adj.* long

山高水长；很长时间；长长的头发
他回国很长时间了。
人的一生像一条长长的路。

56 **常见** cháng jiàn common

常见的名字；常见的东西；不太常见
鸡是常见的动物。
这种天气在北方不常见。

57 **常用** cháng yòng in common use

常用的词典；常用的方法
他已经学会400多个常用汉字了。
"的"是中文最常用的词语之一（zhī yī, one of...）。

58 **场** chǎng *m.* *a measure word for activities*

一场考试；看一场电影；打一场球
他刚和玛丽跳了一场舞。
今天晚上有一场音乐会，你去吗？

59 **超过** chāoguò *v.* outstrip; go beyond

超过别人；超过三个月
他的学习成绩已经超过了很多同学。
他家离学校很近，走路不超过五分钟就到了。

60 **超市** chāoshì *n.* supermarket

一家超市；去超市买东西
学校里有一家超市，买东西很方便。
妈妈常去这家超市买菜。

◎ 速练　Quick practice

一、先根据词语写拼音，再将词语和正确的英文释义连起来
Write Pinyin according to the words, and then match the words with the correct English definitions.

1. 不行 ______________	A. common
2. 不一会儿 ___________	B. visit (a place)
3. 部分 ______________	C. no; be not allowed; not good
4. 参观 ______________	D. outstrip; go beyond
5. 参加 ______________	E. very similar in standard, quality, etc.; nearly
6. 常见 ______________	F. part, section, portion
7. 超过 ______________	G. in a moment, soon
8. 差不多 ____________	H. join, take part in, attend

二、选择合适的词语填空　Choose the right words and fill in the blanks.

（一）　A. 不行　B. 常见　C. 常用　D. 参观　E. 参加

1. 校长带大家 ____ 了校园。
2. 这种水果在北方不 ____。
3. 学一门新的语言，不听、不说、不练习是 ____ 的。
4. 明天学校有个活动，你打算 ____ 吗？
5. 中文的 ____ 汉字有 2000 多个。

（二）　A. 不同　B. 不一定　C. 不一会儿　D. 才　E. 长

1. 我和他认识时间不 ____，还不太熟。
2. 中文和英文是完全 ____ 的语言。
3. 玛丽上个星期 ____ 到中国，只会说“你好”“谢谢”。
4. 这个颜色的衣服爸爸 ____ 喜欢，最好问问他再买。
5. 我刚吃完早餐，____ 又饿了。

（三）　A. 部分　B. 草地　C. 层　D. 查　E. 场

1. 教学楼前有一大片 ____。
2. 经理的办公室在二 ____。
3. 身体不舒服的话最好去医院 ____ 一 ____。

4. 周末我们全家去看了一____电影。

5. 这次考试分笔试（bǐshì，written examination）、口试（kǒushì，oral examination）两____。

（四） A. 差不多 B. 超过 C. 超市 D. 草 E. 菜单

1. 儿子的个子已经____爸爸了。

2. 这是____，您看看想吃什么。

3. ____里的顾客很多。

4. 看，牛在吃____呢。

5. 那件事我____都忘了。

三、选择合适的词语完成句子 Choose the right words to complete the sentences.

1. 三本书____ 50 块钱，真便宜！

A. 才 B. 就

2. 老王常去老年活动中心____活动。

A. 参观 B. 参加

3. 老师让我们读三____课文。

A. 场 B. 遍

4. ____的东西应该放在手边，方便使用。

A. 常见 B. 常用

5. 这支笔____是玛丽的，有可能是大山的。

A. 不一定 B. 差不多

第 4 单元　Unit 4

◎ 目标词语　Target words

61. 车辆	62. 称	63. 成	64. 成绩	65. 成为
66. 重复	67. 重新	68. 出发	69. 出国	70. 出口
71. 出门	72. 出生	73. 出现	74. 出院	75. 出租
76. 出租车	77. 船	78. 吹	79. 春节	80. 春天

◎ 速记　Quick memory

61　**车辆**　chēliàng　*n.*　vehicle

各种（gèzhǒng，various kinds）车辆；所有车辆
马路上停着各种车辆。
所有车辆都不能通过。

62　**称**　chēng　*v.*　weigh

称一称；称体重（tǐzhòng，weight）；称一斤肉
他称了几斤水果带回家。
A：这些书真重，有多少斤？
B：称一下儿就知道了。

63　**成**　chéng　*v.*　become, turn into

看成；听成；变成
几年不见，小男孩儿成大人了。
原来是“人”字，我看成“八”字了。

64　**成绩**　chéngjì　*n.*　score

学习成绩；成绩不错；取得好成绩
考试成绩出来了没有？
他对这次的成绩很满意。

65　**成为**　chéngwéi　*v.*　become

成为有用的人；成为一名医生
他长大后想成为一名老师。
后来，我们进了同一家公司，成为同事了。

66　**重复**　chóngfù　*v.*　repeat

重复一遍；重复使用
他又重复了一遍刚才说过的话。
你说自己的想法，别重复别人的。

67　**重新**　chóngxīn　*adv.*　again

重新说一遍；重新讨论

为了让大家听清楚，老师又重新说了一遍。
这个问题我们重新讨论一下儿。

68 **出发** chūfā *v.* set out, start off

从北京出发；马上出发；几点出发
火车从北京出发，开往上海。
我们明天天一亮就出发。

69 **出国** chū//guó go abroad

出国留学；明年出国
今年夏天，我打算和朋友出国旅行。
他想出国读书，但爸爸妈妈不让他去。

70 **出口** chūkǒu *n.* exit

超市出口；车站出口；两个出口
这个图书馆有好几个出口。
这边是出口，那边才是入口。

71 **出门** chū//mén be away from home

刚出门；出门在外
在家靠父母，出门靠朋友。
我今天出门的时候，忘带钱包了。

72 **出生** chūshēng *v.* be born

出生于北京；2008年出生
小明2007年3月出生于上海。
出生日期就是你的出生年月日。

73 **出现** chūxiàn *v.* come out, appear

大量出现；出现问题；出现在球场
每天图书馆一开门，他就会出现在那里。
他不愿意工作中出现问题，所以非常认真。

74 **出院** chū//yuàn be discharged from hospital

刚出院；明天出院
您出院以后还是要多休息。
您的病已经好了，可以出院了。

75 **出租** chūzū *v.* rent out

出租房子；出租汽车；出租自行车
我要出租一套房子。
自行车出租，一小时10块钱。

76 **出租车** chūzūchē *n.* taxi

一辆出租车；开出租车；坐出租车
他打了辆出租车去机场。
出租车司机是个北方人。

77 **船** chuán *n.* ship, boat

一条船；坐船；开船
船上坐满了游客。
湖边出租小船，一小时50元。

78 **吹** chuī *v.* blow

吹一口气；风吹雨打；用力地吹
水太热了，你吹一吹。
春天来了，春风吹绿了小草。

79 **春节** Chūnjié *n.* Spring Festival, Chinese New Year

今年春节；过春节
春节快乐！
我最喜欢的节日是春节。

80 **春天** chūntiān *n.* spring

美丽的春天；今年的春天
春天来了，花开了，草绿了。
春天像一只（zhī，*a measure word for certain animals*）可爱的小鸟，给人们带来了快乐。

◎ 速练 Quick practice

一、先根据词语写拼音，再将词语和正确的英文释义连起来

Write Pinyin according to the words, and then match the words with the correct English definitions.

1. 车辆 ________	A. become
2. 称 ________	B. vehicle
3. 出租车 ________	C. blow
4. 出现 ________	D. taxi
5. 重新 ________	E. score
6. 成为 ________	F. weigh
7. 成绩 ________	G. come out, appear
8. 吹 ________	H. again

二、选择合适的词语填空 Choose the right words and fill in the blanks.

（一） A. 车辆 B. 称 C. 成 D. 成绩 E. 成为

1. 她每天都要____一____自己的体重。
2. 我们能____好朋友，还要从两年前的那件事说起。

3. 红灯亮了，路上的 ____ 都停住了。

4. 十年不见，你女儿都长 ____ 大人了。

5. 这次考试大家都取得了不错的 ____。

（二） A. 重复 B. 重新 C. 出发 D. 出国 E. 出口

1. 明天我们什么时候 ____？

2. 明年他准备 ____ 留学（liú//xué，study abroad）。

3. 这些生词写得不好，你 ____ 写一遍。

4. 请问，停车场 ____ 在哪儿？

5. 如果大家没听明白的话，我再 ____ 一遍。

（三） A. 出门 B. 出生 C. 出现 D. 出院 E. 出租

1. 走出大楼，一片绿草地 ____ 在人们眼前。

2. 奶奶的病好了，医生说可以 ____ 了。

3. 李爷爷家有两套房子准备 ____。

4. ____ 前别忘了关灯。

5. 这里是那个作家的 ____ 地。

（四） A. 出租车 B. 船 C. 吹 D. 春节 E. 春天

1. 小时候，我最喜欢坐 ____ 去旅行。

2. ____ 要到了，学生们都回家过年了，校园里安静了很多。

3. 火车站南广场停着很多辆 ____。

4. 夏天去海边 ____ 海风是一件很舒服的事情。

5. 一年四季（sìjì，four seasons）中我最爱 ____。

三、选择合适的词语完成句子 Choose the right words to complete the sentences.

1. 您好，请帮我 ____ 一下儿这些水果。

   A. 称 B. 算

2. 学习打球的时候，一个动作可能要 ____ 很多次才能学会。

   A. 重新 B. 重复

3. 他刚 ____，你找他有什么事吗？

   A. 出门 B. 出院

4. 机场 ____ 层送客车辆停车不能超过 6 分钟。

A. 出发　　B. 出现

5. 四是四，十是十，四不能说 ____ 十，十也不能说 ____ 四。

A. 成为　　B. 成

第5单元　Unit 5

◎ 目标词语　Target words

81. 词	82. 词典	83. 词语	84. 从小	85. 答应
86. 打工	87. 打算	88. 打印	89. 大部分	90. 大大
91. 大多数	92. 大海	93. 大家	94. 大量	95. 大门
96. 大人	97. 大声	98. 大小	99. 大衣	100. 大自然

◎ 速记　Quick memory

81　**词**　cí　*n.*　word

一个词；好词好句
用词组句是我们常做的练习。
这个词我不认识，还没学呢。

82　**词典**　cídiǎn　*n.*　dictionary

一本词典；查词典
这本词典收词3万多个。
他手里拿着一本《汉英大词典》。

83　**词语**　cíyǔ　*n.*　words and expressions

有些词语；学过的词语
老师说我的作文里有些词语用得不太准确。
请用给出的词语完成句子。

84　**从小**　cóngxiǎo　*adv.*　from childhood

她从小就爱唱歌。
小王从小身体就不好。

85　**答应**　dāying　*v.*　respond; promise

没人答应；答应我的要求
我在门外叫了几声，没人答应。
爸爸答应给我买礼物。

86　**打工**　dǎ//gōng　work (mostly referring to doing a temporary job); work part-time

给别人打工；在快餐店打工；打了一个月的工
他白天上课，晚上在快餐店打工。
为了生活，他同时打几份工。

87　**打算**　dǎ·suàn

(1) *v.*　be going to do something
打算做什么；不打算去

周末你打算做什么？
我打算明天坐公交车去学校。
（2）*n.* plan
有什么打算；自己的打算
回国后，你有什么打算？
这件事情我们要早做打算。

88 **打印** dǎyìn *v.* print

打印机；打印店；打印一份
打印机坏了，图片打印不出来。
这页打印得不清楚，重新打印一下儿吧。

89 **大部分** dàbùfen *n.* greater part

大部分词语；大部分时间
花园里的花大部分都开了。
这次考试大部分同学都考得不错。

90 **大大** dàdà *adv.* greatly

大大提高；大大超过
经过一年的学习，他的中文水平大大提高了。
他今年的成绩大大超过了别人。

91 **大多数** dàduōshù *n.* great majority

大多数国家；大多数时间
来这里的大多数是老人。
办一件事情，不可能让所有人都满意，能让大多数人满意就不错了。

92 **大海** dàhǎi *n.* sea

蓝蓝的大海；一片大海
你们有可以看到大海的房间吗？
长江（Cháng Jiāng，Yangtze River）在这里流入大海。

93 **大家** dàjiā *pron.* everybody

大家的意见；通知大家
老师让我通知大家明天出发的时间。
大家都同意（tóngyì，agree）这个计划。

94 **大量** dàliàng *adj.* a large number of, a great quantity of

大量词语；大量食物；大量使用
超市准备了大量的食物和水。
写这本书花了我大量的时间。

95 **大门** dàmén *n.* gate

公园的大门；走进学校大门
他推开大门，走了进去。
老师为我们打开了知识的大门。

96 **大人** dàren *n.* adult

大人们；每个大人

大人们干活儿，孩子们在旁边帮忙。
小时候他喜欢学大人说话，像个小大人。

97 **大声** dà shēng in a loud voice

大声说；大声读
请你大声读一遍这篇课文。
广场上，人们大声说着、笑着。

98 **大小** dàxiǎo *n.* size

包的大小；衣服的大小
妈妈给我买的衣服大小正合适。
这两双（shuāng，pair）鞋颜色一样，大小不同。

99 **大衣** dàyī *n.* overcoat

一件大衣；黑色的大衣
他穿着一件黑色的大衣。
今年流行短大衣。

100 **大自然** dàzìrán *n.* nature

走进大自然；美丽的大自然
我爱大自然！
蓝天白云、花草树木都是大自然给我们的礼物。

◎ 速练 Quick practice

一、先根据词语写拼音，再将词语和正确的英文释义连起来

Write Pinyin according to the words, and then match the words with the correct English definitions.

1. 词典 ________	A. a large number of, a great quantity of
2. 大自然 ________	B. great majority
3. 大声 ________	C. greater part
4. 大量 ________	D. print
5. 大多数 ________	E. respond; promise
6. 大部分 ________	F. nature
7. 打印 ________	G. dictionary
8. 答应 ________	H. in a loud voice

二、选择合适的词语填空 Choose the right words and fill in the blanks.

（一） A. 词 B. 词典 C. 从小 D. 答应 E. 打工

1. 经理想了一会儿，____ 了他的这个要求。
2. "理想"这个 ____ 是什么意思？
3. 遇到不懂的词可以查 ____。
4. 小王和小李是 ____ 一起长大的好朋友。
5. 现在很多大学生周末在外面 ____。

（二） A. 词语 B. 打算 C. 打印 D. 大部分 E. 大大

1. 这张照片你能帮我 ____ 出来吗？
2. 他说的话 ____ 不是真的，别相信他。
3. 小黄 ____ 下学期学画画儿。
4. 地铁 ____ 方便了人们的生活。
5. 这本词典收了好多新 ____。

（三） A. 大多数 B. 大海 C. 大家 D. 大量 E. 大门

1. 要想真正学好一门语言，需要 ____ 的练习。
2. 爬山虽然很累，但是 ____ 心情都很不错。
3. 走进小学校园的 ____，我好像又回到了小时候。
4. 昨天我们去海边看 ____ 了。
5. ____ 人都觉得这家饭馆的菜做得很好吃。

（四） A. 大人 B. 大声 C. 大小 D. 大自然 E. 大衣

1. 你先试试这衣服的 ____ 吧。
2. 孩子们总喜欢学着 ____ 的样子说话、做事。
3. 天冷了，很多人都去商店买 ____。
4. 人们应该行动起来，保护（bǎohù，protect）____。
5. 中午大家都有休息的习惯，别 ____ 说话。

三、选择合适的词语完成句子 Choose the right words to complete the sentences.

1. 今天的作业小明 ____ 都做完了。

   A. 大部分 B. 大多数

2. 30 年前，电脑开始 ____ 进入普通人（pǔtōng rén，ordinary people）的家庭。

A. 大量　　B. 大大

3. ____ 别人的事就要做到。

A. 打印　　B. 答应

4. 他病了，没吃 ____ 东西。

A. 多少　　B. 大小

5. 王老师在市第一中学 ____。

A. 打工　　B. 工作

第 6 单元　Unit 6

◎ 目标词语　Target words

101. 带	102. 带来	103. 单位	104. 但	105. 但是
106. 蛋	107. 当	108. 当时	109. 倒（dǎo，*v.*）	110. 到处
111. 倒（dào，*v.*）	112. 道	113. 道理	114. 道路	115. 得（dé，*v.*）
116. 得出	117. 的话	118. 得（de，*pt.*）	119. 灯	120. 等

◎ 速记　Quick memory

101 **带**　dài　*v.*　take, bring, carry; lead

带书；带钱；带孩子去公园
每次出远门，爸爸都会给家人带礼物。
请带我们参观一下儿校园。

102 **带来**　dài · lái　bring

带来快乐；带来影响
谢谢你在我难过的时候，给我带来快乐。
学习中文给我带来了很多好处。

103 **单位**　dānwèi　*n.*　unit (as an organization, department, division, section, etc.)

工作单位；单位的同事
他刚到我们单位不久。
在单位，他工作认真，对同事也很热情。

104 **但**　dàn　*conj.*　but

学习很累，但也很快乐。
虽然这次考试很难，但我考得不错。

105 **但是**　dànshì　*conj.*　but

虽然雨很大，但是班里没人请假。
一个人做一两件好事不难，但是一生都做好事就不容易了。

106 **蛋**　dàn　*n.*　egg

一个蛋；鸡蛋
先有鸡还是先有蛋？
奶奶家的鸡下了两个蛋。

107 **当**　dāng

（1）*v.*　work as, serve as, be
当班长；当老师
大家选他当队长。
长大了你想当什么？

（2）*prep.*　　when, while

当……时；当……的时候

当听到这个新闻时，大家都开心地笑了。

当爸爸进门的时候，我们正在吃饭。

108 **当时**　dāngshí　*n.*　at that time

我到现在还记得当时妈妈说的话。

当时他还是个小学生，现在都当爸爸了。

109 **倒**　dǎo　*v.*　fall, lie down

倒下；推倒

大风吹倒了路边的小树。

一回到家，他就倒在床上睡着了。

110 **到处**　dàochù　*adv.*　everywhere

到处看；到处找

公园里到处是人。

美到处都有，我们需要能发现美的眼睛。

111 **倒**　dào　*v.*　pour

倒水；倒茶；倒出来

主人给客人倒酒。

为了找笔，他倒出了包里所有的东西。

112 **道**　dào　*m.*　*a measure word for rivers and things in the form of a line; a measure word for orders, questions, etc.*

一道河；这道题

前面有道河，我们过不去。

这道题太难了！

113 **道理**　dào·lǐ　*n.*　principle

讲道理；有道理

他说的很有道理。

爸爸常常教育我们要懂得做人的道理。

114 **道路**　dàolù　*n.*　road

一条道路；道路不平

雪下了一夜，一些道路不能通车。

人生（rénshēng，life）的道路很长。

115 **得**　dé　*v.*　get

得到；得第一

这次考试我得了95分。

我们都考得不错，他得第一，我得第二。

116 **得出**　déchū　reach (a conclusion)

得出道理；得出结果

我们读书时，要学会从书中得出一些道理。

通过讨论，我们得出了这个结果。

117 **的话** dehuà *pt.* if

明天没有时间的话，我们就后天去。
如果再多给一点儿时间的话，他们一定能完成。

118 **得** de *pt.* *used between a verb or an adjective and its complement of result or degree; used after a verb to indicate possibility*

跑得很快；高兴得哭了；拿得动
他长得高不高？
她中文学得很不错。
A：这么重的东西，你拿得动拿不动？
B：我拿得动。

119 **灯** dēng *n.* light, lamp

开灯；关灯；红绿灯
灯坏了，要换新的。
天黑了，路边的灯亮了。

120 **等** děng

（1）*pt.* and so on, etc.
中国、美国、英国等国家
他去过北京、上海、广州等地旅游。
妹妹的爱好很多，比如唱歌、画画儿等。
（2）*n.* grade, rank, class
中等；高等；同等
李明是他们班的中等生。
同等条件下，我更喜欢这个手机。

◎ 速练 Quick practice

一、先根据词语写拼音，再将词语和正确的英文释义连起来
Write Pinyin according to the words, and then match the words with the correct English definitions.

1. 带来 ____________	A. reach (a conclusion)
2. 单位 ____________	B. if
3. 但是 ____________	C. but
4. 当时 ____________	D. at that time
5. 到处 ____________	E. everywhere
6. 道理 ____________	F. principle
7. 得出 ____________	G. bring
8. 的话 ____________	H. unit (as an organization, department, division, section, etc.)

二、选择合适的词语填空　Choose the right words and fill in the blanks.

（一）　A. 带　B. 带来　C. 但　D. 单位　E. 蛋

1. 孩子们给大家 ____ 了快乐。
2. 请在这儿写上你的工作 ____。
3. 每天吃一个 ____ 对身体有好处。
4. 这件衣服很漂亮，____ 太贵了。
5. 你有笔吗？我忘 ____ 笔了。

（二）　A. 但是　B. 当　C. 当时　D. 得出　E. 到处

1. 我们 ____ 的结果和老师的不一样。
2. 过节了，街上 ____ 都是人。
3. 他还是个孩子，____ 说话、做事像个大人。
4. 他小时候，家里有一台（tái，*a measure word for certain machinery, apparatus, etc.*）电视机，____ 有电视机的家庭很少。
5. 不想 ____ 将军（jiāngjūn，general）的士兵（shìbīng，soldier）不是好士兵。

（三）　A. 道　B. 道理　C. 得　D. 灯　E. 倒

1. 大多数中国人知道中文该怎么说、不该怎么说，却说不清其中的 ____。
2. 这一题他答对了，____ 了满分。
3. 你看，家里的 ____ 亮了，一定是妈妈回来了，我们快回家吧。
4. 这 ____ 题的结果是46。
5. 超市里，有个老人忽然 ____ 在了地上。

（四）　A. 倒　B. 的话　C. 得　D. 道路　E. 等

1. ____ 千万条，安全第一条。
2. 长城、故宫 ____ 是中外游客常去参观的地方。
3. 他累 ____ 一句话也不想说。
4. 想不明白 ____ 可以问问老师。
5. 他请客人进门，让爱人给客人 ____ 茶。

三、选择合适的词语完成句子 Choose the right words to complete the sentences.

1. 老师上课讲 ____ 我还不太明白。

A. 得　　B. 的

2. 有些东西像风一样，看不到 ____ 感觉得到。

A. 但　　B. 和

3. ____ 你不愿意，可以不去。

A. 如果　　B. 的话

4. 昨天学校门口发生（fāshēng，happen）了交通事故（shìgù，accident），____ 我就在那儿。

A. 但是　　B. 当时

5. 大家都玩儿 ____ 很开心。

A. 得　　B. 的

第7单元　Unit 7

◎ 目标词语　Target words

121. 等到	122. 等于	123. 低	124. 地球	125. 地铁
126. 地铁站	127. 点头	128. 店	129. 掉	130. 东北
131. 东方	132. 东南	133. 冬天	134. 懂	135. 懂得
136. 动物	137. 动物园	138. 读音	139. 度	140. 短

◎ 速记　Quick memory

121 **等到**　děngdào　*prep.*　by the time, when

有的人等到病了才明白健康有多重要。
平时不努力，等到考试的时候再努力就晚了。

122 **等于**　děngyú　*v.*　be equal to

不等于；差不多等于
3加3等于6。
你这些话说了等于没说。

123 **低**　dī

（1）*adj.*　low
低收入；水平低；眼高手低；低年级
今天天冷，气温很低。
他对自己的要求很低。
（2）*v.*　lower
低头
他低着头走了出去。
低下身，你才能听到不同的声音。

124 **地球**　dìqiú　*n.*　earth

同一个地球；地球上
地球上有70多亿人。
地球是我们共同的家。

125 **地铁**　dìtiě　*n.*　subway

坐地铁；上了地铁
你可以坐地铁到国家图书馆。
在地铁上最好不要吃东西。

126 **地铁站**　dìtiězhàn　*n.*　subway station

我在地铁站等你。
出地铁站，往北走100米就到了。

127 **点头** diǎn//tóu nod one's head

点点头；点了一下儿头
老师满意地点了点头。
他点了一下儿头，答应了我们的要求。

128 **店** diàn *n.* shop, store

书店；鞋店；网店
他开了一家洗衣店。
这个店虽小，但顾客很多。

129 **掉** diào *v.* fall, drop; *used after a transitive verb to indicate removal*

掉头发；掉在地上；忘掉；改掉
他的手机掉在地上了。
这个坏习惯得改掉。

130 **东北** dōngběi *n.* northeast; Northeast China

东北方向；东北三省
学校东北角有一个篮球场。
到了东北，你才知道什么是真正的冬天。

131 **东方** dōngfāng *n.* east; refers to Asia

东方红，太阳升（shēng，rise）。
她身上有一种东方美。

132 **东南** dōngnán *n.* southeast

东南方向；东南风
福建（Fújiàn）省在中国的东南部。
上海浦东（Pǔdōng）机场在上海的东南方，离市中心30公里。

133 **冬天** dōngtiān *n.* winter

今年冬天；北京的冬天
我喜欢冬天的白雪。
冬天来了，天气越来越冷。

134 **懂** dǒng *v.* understand

懂中文；听懂；看懂
真正懂你的人不多。
学习时不要不懂装懂。

135 **懂得** dǒngde *v.* understand, know

懂得一个道理；懂得爱情
他让我懂得了做人的道理。
懂得休息才能更好地工作。

136 **动物** dòngwù *n.* animal

小动物；各种动物
动物是我们的朋友。

我喜欢各种小动物。

137 **动物园** dòngwùyuán *n.* zoo

一个动物园；去动物园
动物园里有很多动物。
我们今天去动物园玩儿了。

138 **读音** dúyīn *n.* pronunciation

这个字的读音；读音不同
这两个字读音相同。
学习词语先要学习它的读音。

139 **度** dù

（1）*n.* degree
过度（guòdù，excessive）
我的电脑使用过度，现在开不了机了。
（2）*m.* *a unit of measurement for angles, electricity, etc.*
90度的角是直角（zhíjiǎo，right angle）。
这个月用了100度电。

140 **短** duǎn *adj.* short

不长不短；短短的头发
这件大衣太短了，不好看。
他用最短的时间完成了工作。

◎速练 Quick practice

一、先根据词语写拼音，再将词语和正确的英文释义连起来
Write Pinyin according to the words, and then match the words with the correct English definitions.

1. 等到 ________	A. pronunciation
2. 地球 ________	B. fall, drop; *used after a transitive verb to indicate removal*
3. 地铁站 ________	C. understand, know
4. 点头 ________	D. zoo
5. 掉 ________	E. subway station
6. 懂得 ________	F. earth
7. 动物园 ________	G. by the time, when
8. 读音 ________	H. nod one's head

二、选择合适的词语填空　Choose the right words and fill in the blanks.

（一）　A. 等到　B. 等于　C. 低　D. 地球　E. 地铁

1. 月收入多少算 ____ 收入？
2. 想干就干吧，不用 ____ 什么都准备好了再行动。
3. 你学了 ____ 没学，还是什么都不懂。
4. 坐 ____ 上班比坐公共汽车上班时间短。
5. ____ 上有几十亿人口。

（二）　A. 地铁站　B. 点头　C. 店　D. 掉　E. 东北

1. 奶奶去肉 ____ 买肉了。
2. 这个 ____ 有 6 个出入口。
3. 我们大学在平安医院的 ____ 方向。
4. 我跟他虽然在同一层楼，但除了见面 ____ 问好，就没有说过别的话。
5. “太”去 ____ 一点儿，就是“大”。

（三）　A. 东方　B. 东南　C. 冬天　D. 懂　E. 懂得

1. 每个人都有自己的特点，我们应该 ____ 这一点。
2. 太阳每天从 ____ 升起。
3. 这本书虽然不容易读，但我读 ____ 了。
4. 旅客朋友们，我们的飞机正往 ____ 方向飞。
5. 这儿的 ____ 虽然冷，但和北方的冷感觉不一样。

（四）　A. 动物　B. 动物园　C. 读音　D. 度　E. 短

1. 如果心是近的，再长的路也是 ____ 的。
2. 狗、猫、鸟、鱼都是常见的 ____。
3. 他对我的态度有了 180 ____ 的改变。
4. 晚上，____ 里安安静静的，动物们都在睡觉。
5. 如果不知道词语的 ____，我就没办法用拼音查词典。

三、选择合适的词语完成句子　Choose the right words to complete the sentences.

1. 那明天我 ____ 你电话啊。

　A. 等　　B. 等到

2. 你听听我这个词的 ____ 对不对。

A. 声音　　B. 读音

3. 老师讲了好几遍，他还是没听 ____。

A. 懂　　B. 懂得

4. ____ 到了，天气越来越凉快了。

A. 冬天　　B. 秋天

5. 钱拿好了，别 ____ 了。

A. 掉　　B. 倒

第 8 单元　Unit 8

◎ 目标词语　Target words

141. 短信	142. 段	143. 队	144. 队长	145. 对
146. 对话	147. 对面	148. 多	149. 多久	150. 多么
151. 多数	152. 多云	153. 而且	154. 发	155. 发现
156. 饭馆	157. 方便	158. 方便面	159. 方法	160. 方面

◎ 速记　Quick memory

141 **短信**　duǎnxìn　*n.*　text message

一条短信；发短信；回短信
你收到我的短信了吗？
现在发微信（wēixìn，wechat）的人多，发短信的人少。

142 **段**　duàn　*m.*　*a measure word for sections, segments, parts, paragraphs, passages, etc.*

一段对话；一段课文；一段路；一段时间
才走了一小段路，他就累了。
我们有一段时间没见面了。

143 **队**　duì　*n.*　a row of people; group

排队；站队；中国队；排球队
人们在车站排队等车。
他参加了学校篮球队。

144 **队长**　duìzhǎng　*n.*　captain, team leader

当队长；选队长；国家队队长
大家都觉得他当队长很合适。
他是学校足球队队长。

145 **对**　duì

（1）*prep.*　to, towards
我对自己的成绩很满意。
太阳当空照，花儿对我笑。
（2）*v.*　treat
老王对人不错。
工作上，他一直都是对事不对人。

146 **对话**　duìhuà

（1）*v.*　have a dialog or conversation
用中文对话；进行对话；直接对话
麦克已经可以用中文对话了。

（2）*n.* dialog, conversation
他们的对话很有意思。
书信是写信人和读信人的对话。

147 **对面** duìmiàn *n.* opposite side

马路对面；住在对面
对面山上的花开了。
对面走来了一位老奶奶。

148 **多** duō *adv.* how (*used in an interrogative sentence, expressing an inquiry of number or degree, or used before an adjective, indicating exclamation*)

多大；多久；多快啊；多美啊
你今年多大？
学中文多有意思啊！

149 **多久** duōjiǔ *pron.* how long

你一般多久打一次球？
从北京到西安坐飞机需要多久？

150 **多么** duōme *adv.* how

多么喜欢；多么大
你知道这件事有多么重要吗？！
你看！草多么绿，花多么美，树多么高，天多么蓝啊！

151 **多数** duōshù *n.* majority

大多数；多数问题；占多数
我们班女生占多数。
这儿多数时候都很安静。

152 **多云** duōyún *n.* cloudy

明天多云，不下雨。
多云的时候，天气比较凉快。

153 **而且** érqiě *conj.* (not only)..., but...

他会说中文，而且说得不错。
王明不但学习好，而且唱歌也好听。

154 **发** fā *v.* send out, give out

发作业；发邮件（yóujiàn，email）；发短信
王老师正在给同学们发作业。
这些书每人发一本。

155 **发现** fāxiàn

（1）*v.* discover, find
发现问题；忽然发现；很难发现
大家很快发现走错了路。
姐姐在门后发现了一只小猫。

（2）*n.* discovery
一个发现；重要的发现
生活中到处都有新发现。

156 **饭馆** fànguǎn *n.* restaurant

一家饭馆；开饭馆
我们是在大酒店吃的饭，不是小饭馆。
大家在这个饭馆吃得很满意，好吃又不贵。

157 **方便** fāngbiàn *adj.* convenient

交通方便；生活方便
这儿人多，说话不方便。
这儿有超市、公交车站，生活非常方便。

158 **方便面** fāngbiànmiàn *n.* instant noodles

一碗方便面；一包方便面
总吃方便面不健康。
我这儿没有别的东西，你饿的话，就吃方便面吧。

159 **方法** fāngfǎ *n.* method, means

学习方法；用各种方法；新方法
记生词的方法有很多，你可以问问老师。
方向不对，努力也没用，方向比方法更重要。

160 **方面** fāngmiàn *n.* aspect

工作方面；多方面；方方面面
教育影响着我们生活的很多方面。
学习方面有什么问题就给我打电话。

◎ 速练 Quick practice

一、先根据词语写拼音，再将词语和正确的英文释义连起来
Write Pinyin according to the words, and then match the words with the correct English definitions.

1. 短信 ______________	A. method, means
2. 段 ______________	B. opposite side
3. 队长 ______________	C. *a measure word for sections, segments, parts, paragraphs, passages, etc.*
4. 发现 ______________	D. aspect
5. 多数 ______________	E. discover, find; discovery
6. 对面 ______________	F. majority
7. 方法 ______________	G. text message
8. 方面 ______________	H. captain, team leader

二、选择合适的词语填空 Choose the right words and fill in the blanks.

（一） A. 短信 B. 段 C. 队 D. 队长 E. 对

1. 上下班时间，大家在地铁站排着长 ____ 进站坐地铁。
2. 生日那天，小王收到了好多条祝他生日快乐的 ____。
3. 孩子大声 ____ 妈妈说："妈妈，我爱您！"
4. 课文的这一 ____ 话写得非常有意思。
5. ____ 在最前面，带着大家一起走。

（二） A. 对话 B. 对面 C. 多 D. 多久 E. 多数

1. 我不知道他等了 ____，也许是十分钟，也许是一个小时。
2. 听力（tīnglì，listening comprehension）考试中你常常会听到："听下面一段 ____，回答第 1 题。"
3. 球场 ____ 是一条长长的河。
4. 这儿 ____ 美啊！
5. 班上 ____ 同学都顺利通过了 HSK 考试。

（三） A. 多么 B. 多云 C. 而且 D. 发 E. 发现

1. 我 ____ 微信告诉他我们吃饭的时间和地点。
2. 孩子们 ____ 想有一点儿自己的时间，能做自己喜欢的事情啊！
3. 明天白天 ____，晚上有大风。
4. 我 ____ 今天大家的心情都不太好，发生了什么事情？
5. 我答应做的那件事，不但完成了，____ 比他们要求的做得更好。

（四） A. 饭馆 B. 方便 C. 方便面 D. 方法 E. 方面

1. 早上吃了一碗 ____ 我们就出发了。
2. 中午，三个人一路有说有笑地来到 ____ 吃饭。
3. 学习 ____ 有很多，适合自己的就是最好的。
4. 不少留学生在中文读写 ____ 有困难（kùnnan，difficulty）。
5. ____ 的时候，你给我打个电话吧。

三、选择合适的词语完成句子 Choose the right words to complete the sentences.

1. 多年不见的老朋友，忽然 ____ 在我的眼前，真是太让人高兴了！

A. 发现　　B. 出现

2. 这篇课文很长，一共有十 ____。

A. 段　　B. 句

3. 大家先别着急（zháo//jí，worried），经理正在想 ____。

A. 办法　　B. 方法

4. 这次同学们的讨论谈（tán，talk）到了中国人生活的很多 ____。

A. 方便　　B. 方面

5. 老人们喜欢到 ____ 喝茶、聊天儿（liáo//tiānr，chat）。

A. 酒馆　　B. 茶馆

第 9 单元　Unit 9

◎ 目标词语　Target words

161. 方向	162. 放下	163. 放心	164. 分	165. 分开
166. 分数	167. 分钟	168. 份	169. 封	170. 服务
171. 复习	172. 该	173. 改	174. 改变	175. 干杯
176. 感到	177. 感动	178. 感觉	179. 感谢	180. 干活儿

◎ 速记　Quick memory

161 **方向**　fāngxiàng　*n.*　direction

往西南方向走
人的一生，选对方向很重要。
前面不是图书馆，你走错方向了。

162 **放下**　fàngxia　put down

放下书包；放下工作；放不下
看到孩子进门，妈妈的心一下儿就放下了。
有的人觉得生活很累，是因为他该放下的事情放不下。

163 **放心**　fàng//xīn　feel relieved

让人放心；不太放心；放心不下
他办事真不让人放心。
看到孩子病好了，爸爸妈妈才放心。

164 **分**　fēn　*v.*　divide, separate

分班；分组；分三份
他下午要参加分班考试。
这个蛋糕（dàngāo，cake）可以分成六块。

165 **分开**　fēn//kāi　divide, separate

不分开，分得开；分不开
我们一家人永远不分开。
两个相爱的人忽然分开了。

166 **分数**　fēnshù　*n.*　mark, grade

考试分数；分数低
王明这次考试的分数还不错。
今天大家可以上网查分数了。

167 **分钟**　fēnzhōng　*m.*　minute

十分钟；每分钟

我们学校一节课是45分钟。
中午他睡了20分钟就起来了。

168 **份** fèn *m.* *a measure word for gifts, newspapers, magazines, etc.*

一份礼物；一份报纸
爸爸在我生日那天送了我一份礼物。
他找了一份新工作。

169 **封** fēng *m.* *a measure word for letters*

一封信
今天他收到了两封信。
这封信很重要，你一定要直接交给他。

170 **服务** fúwù *v.* serve

为同学们服务；服务了二十年；热情服务
他热情地为大家服务。
我们为别人服务的时候，别人也在为我们服务。

171 **复习** fùxí *v.* review

复习课文；复习生词；认真复习
课后复习是学习活动的重要部分。
你能帮我复习复习课文吗？

172 **该** gāi *v.* should, ought to

我该怎么办呢？
该工作时工作，该休息时休息。

173 **改** gǎi *v.* change; correct

改名；改错；改作业
请把这段课文改成一段对话。
这道题你做错了，改一下儿吧。

174 **改变** gǎibiàn

（1）*v.* make a change, alter
改变想法；改变方法
改变能改变的，接受不能改变的。
如果事情没有办法改变，那就改变自己吧。
（2）*n.* change
有改变
十年过去了，这儿没有一点儿改变。

175 **干杯** gān//bēi drink a toast

为健康干杯
祝你一路平安，干杯！
为更好的明天，大家一起干一杯。

176 **感到** gǎndào *v.* feel

感到高兴；感到难受

听到这个好消息，我们感到十分高兴。
他对自己的考试分数感到满意。

177 **感动** gǎndòng

（1）*adj.* touched, moved
非常感动；十分感动
他感动得不知道说什么好。
听了他的话，大家都十分感动。
（2）*v.* touch
他的故事感动了我。

178 **感觉** gǎnjué

（1）*v.* sense, feel
我感觉这儿的冬天一点儿也不冷。
球正好打到我身上，我感觉好疼啊。
（2）*n.* sensation
难过的感觉；那种感觉
想家时有一种说不出的感觉。
他说话、做事都给人一种很舒服的感觉。

179 **感谢** gǎnxiè *v.* thank, appreciate

我最感谢的人是我的爸爸妈妈。
老师，我真的很感谢您对我的教育。

180 **干活儿** gàn//huór work

他病了，不能干活儿。
天刚亮，爸爸就起床干活儿去了。

◎ 速练 Quick practice

一、先根据词语写拼音，再将词语和正确的英文释义连起来

Write Pinyin according to the words, and then match the words with the correct English definitions.

1. 方向 ________________ A. make a change, alter; change
2. 放心 ________________ B. mark, grade
3. 该 ________________ C. serve
4. 分数 ________________ D. touched, moved; touch
5. 服务 ________________ E. thank, appreciate
6. 改变 ________________ F. feel relieved
7. 感动 ________________ G. direction
8. 感谢 ________________ H. should, ought to

二、选择合适的词语填空 Choose the right words and fill in the blanks.

（一） A. 方向 B. 放下 C. 放心 D. 分 E. 分开

1. 这些东西你们是一起付（fù，pay）还是 ____ 付？
2. 以后的日子，你们每一个人都会找到自己人生的 ____。
3. 国家不 ____ 大小，都是平等的。
4. 周末了，我们可以 ____ 工作，好好（hǎohǎo，to the best of one's ability）休息。
5. 请妈妈 ____，我一定好好照顾自己。

（二） A. 分数 B. 分钟 C. 份 D. 封 E. 服务

1. 我在饭馆点了一 ____ 面条儿。
2. 学习不是为了 ____，不要和别人比。
3. 好的 ____ 能让客人觉得满意、舒服。
4. 30 ____ 过去了，他还是没有出现。
5. 我昨天给在外地工作的爸爸发了 ____ 邮件。

（三） A. 复习 B. 该 C. 改 D. 感到 E. 干杯

1. 这么晚了，别工作了，你 ____ 睡觉了。
2. 今天的会 ____ 到明天了。
3. 快考试了，大家都忙着 ____ 呢。
4. 今天是一个特别的日子，____，朋友们！
5. 一夜的大雪让人们 ____ 冬天真的来了。

（四） A. 改变 B. 感动 C. 感觉 D. 感谢 E. 干活儿

1. 别说话了，大家快点儿 ____ 去吧。
2. 他通过自己的努力 ____ 了人们对他的看法。
3. 我昨天晚上没睡好，现在 ____ 很累。
4. 这个故事 ____ 了全世界（shìjiè，world）。
5. 我很高兴能有机会向大家表示 ____。

三、选择合适的词语完成句子 Choose the right words to complete the sentences.

1. 有人说，爱就是永远不 ____。

   A. 分 B. 分开

2. 这个问题先 ____，我们以后再讨论。

A. 放　　B. 放下

3. 他找到了一 ____ 酒店经理的工作。

A. 封　　B. 份

4. 非常 ____ 你这几个月对我的帮助！

A. 感谢　　B. 谢谢

5. 同学们听到这个消息后 ____ 非常难过。

A. 感动　　B. 感到

第 10 单元　Unit 10

◎ 目标词语　Target words

181. 刚	182. 刚才	183. 刚刚	184. 高级	185. 高中
186. 个子	187. 更	188. 公共汽车	189. 公交车	190. 公斤
191. 公里	192. 公路	193. 公平	194. 公司	195. 公园
196. 狗	197. 够	198. 故事	199. 故意	200. 顾客

◎ 速记　Quick memory

181 **刚**　gāng　*adv.*　just

刚到；刚离开
他刚来中国一年，中文说得不太好。
我刚想好好过周末，经理又来电话了。

182 **刚才**　gāngcái　*n.*　just now, a moment ago

刚才的讨论
刚才的事情是我不对。
刚才她还在这儿。/她刚才还在这儿。

183 **刚刚**　gānggāng　*adv.*　just

刚刚开始（kāishǐ，begin）；刚刚离开
他们刚刚都走了。
大家想起刚刚发生的事情，心里都很难过。

184 **高级**　gāojí　*adj.*　high-grade, advanced

高级中学；高级酒店
高中就是高级中学。
你有《高级汉语》吗？

185 **高中**　gāozhōng　*n.*　senior high school

读高中；上高中
他们是高中同学。
他女儿考上了重点高中。

186 **个子**　gèzi　*n.*　height

高个子；中等个子；个子小
他个子高，很适合打篮球。
小王中等个子，眼睛大大的。

187 **更**　gèng　*adv.*　more

更快；更高；更想；更喜欢

火车和汽车，哪个更快？
他比我更喜欢运动。

188 **公共汽车** gōnggòng qìchē bus

一辆公共汽车；坐公共汽车
我打算坐公共汽车去上班。
人们在公共汽车站排队等车。

189 **公交车** gōngjiāochē *n.* bus

一辆公交车；坐公交车；上公交车
现在坐公交车，不带手机很不方便。
这儿的公交车太少，人们要花很长时间等车。

190 **公斤** gōngjīn *m.* kilogram

多少公斤；每公斤；重50公斤
这件行李（xíngli，luggage）重20公斤。
她坚持（jiānchí，insist）运动，一个月轻了4公斤。

191 **公里** gōnglǐ *m.* kilometer

多少公里；每公里
爸爸每天跑5公里。
这儿离北京1000多公里。

192 **公路** gōnglù *n.* road

一条公路；公路两边；公路上
这条公路很长。
在这条公路上开车要特别小心。

193 **公平** gōngpíng *adj.* fair

最公平；不公平的事
时间对每个人都是公平的。
人们越来越关心教育公平问题。

194 **公司** gōngsī *n.* company

一家公司；开公司
他开了一家汽车出租公司。
小王进公司比我晚。

195 **公园** gōngyuán *n.* park

一座公园；去公园玩儿
春天的公园真美！
冬天，公园里游客很少。

196 **狗** gǒu *n.* dog

一条狗；养狗
花花是一条可爱的小狗。
奶奶家的狗生了4只小狗。

197 **够** gòu

（1）*v.* be enough; reach
够用；够不到
这么一点儿东西，这么多人不够吃。
小孩子够不到墙上的开关（kāiguān，switch）。
（2）*adv.* quite
够冷的；够热的
今天街上的人够多的。
今天够累的，早点儿睡吧。

198 **故事** gùshi *n.* story

讲故事；一个故事
同学们特别爱听王老师讲故事。
他讲的故事一点儿都不好玩儿。

199 **故意** gùyì *adv.* intentionally

故意做；故意问
老王故意大声说话。
对不起，我不是故意的。

200 **顾客** gùkè *n.* customer

一位顾客；很多顾客
这个商店卖的东西受到了很多顾客的欢迎。
他的服务让顾客很满意。

◎ 速练 Quick practice

一、先根据词语写拼音，再将词语和正确的英文释义连起来
Write Pinyin according to the words, and then match the words with the correct English definitions.

1. 刚才 ________________	A. intentionally
2. 高级 ________________	B. fair
3. 更 ________________	C. high-grade, advanced
4. 公平 ________________	D. be enough; reach; quite
5. 公路 ________________	E. customer
6. 够 ________________	F. more
7. 故意 ________________	G. just now, a moment ago
8. 顾客 ________________	H. road

二、选择合适的词语填空 Choose the right words and fill in the blanks.

（一） A. 刚 B. 刚才 C. 高级 D. 高中 E. 个子

1. 他17岁的女儿现在正在读 ____。
2. 王老师是一名 ____ 中学的教师。
3. 现在比 ____ 安静多了。
4. 她长得很漂亮，____ 比我高一点儿。
5. 小马 ____ 工作一年。

（二） A. 刚刚 B. 公共汽车 C. 更 D. 公斤 E. 公里

1. 上大学后，姐姐学习 ____ 努力了。
2. 他身高（shēngāo，height of a person）1.78米，体重70 ____。
3. 他 ____ 还哭呢，怎么现在又笑了？
4. 这条公路长38 ____。
5. 星期六早上，____ 上的人不是很多。

（三） A. 公交车 B. 公路 C. 公平 D. 公司 E. 公园

1. 他在这家 ____ 当经理。
2. 今天星期天，____ 上的车不多。
3. 我每天坐66路 ____ 上下班。
4. 每天早上，他都去 ____ 里慢跑。
5. 10个苹果（píngguǒ，apple）分给12个人，怎么分才 ____ 呢？

（四） A. 狗 B. 够 C. 故事 D. 故意 E. 顾客

1. 他知道我中文不好，还 ____ 用中文问我问题。
2. 天上的云总在变，一会儿变成了小 ____，一会儿又变成了小猫。
3. 这个 ____ 写得太好了，真让人感动。
4. 让 ____ 满意就是我们服务的目的。
5. 这房间 ____ 大，住三四个人没问题。

三、选择合适的词语完成句子 Choose the right words to complete the sentences.

1. 我 ____ 来，你就要走吗？

   A. 刚 B. 刚才

2. ____ 王老师在班里上课，现在开会去了。

A. 刚才　　B. 刚

3. 你今年才 20 岁，人生的 ____ 还很长。

A. 道路　　B. 公路

4. 我在房子前的小 ____ 里养了很多花。

A. 公园　　B. 花园

5. 这本书里的 ____ 都很短，可以睡前给孩子讲讲。

A. 事　　B. 故事

第 11 单元　Unit 11

◎ 目标词语　Target words

201. 关机	202. 关心	203. 观点	204. 广场	205. 广告
206. 国际	207. 过来	208. 过年	209. 过去	210. 过
211. 海	212. 海边	213. 喊	214. 好	215. 好处
216. 好多	217. 好久	218. 好人	219. 好事	220. 好像

◎ 速记　Quick memory

201 **关机**　guān//jī　switch off an electrical device

很少关机；总是关机；关不了机
小王的手机一直关机。
电脑开了一天了，关机吧。

202 **关心**　guānxīn　*v.*　be concerned about

关心同学；一点儿也不关心
我们老师非常关心同学们的学习和生活。
校长对学生十分关心。

203 **观点**　guāndiǎn　*n.*　viewpoint

主要观点；改变观点；提出观点
他的观点好像有点儿道理。
会上，他向大家说出了自己的观点。

204 **广场**　guǎngchǎng　*n.*　square, plaza

中心广场；广场上
广场上人山人海。
我们学校门前有一个大广场。

205 **广告**　guǎnggào　*n.*　advertisement

打广告；看广告；广告公司
广告上说的不一定是真的。
很多公司都愿意花很多钱做广告。

206 **国际**　guójì　*n.*　international

国际学校；国际游客
他的观点在国际上很有影响。
很多国际友人（yǒurén，friend）都非常喜欢中国文化（wénhuà，culture）。

207 **过来**　guò·lái　*v.*　come over

快过来；别过来

车停了，你过来吧。
你看，那边有人过来了。

208 **过年** guò//nián celebrate or spend the New Year

过年好；回家过年
爷爷奶奶，过年好！
在中国北方，过年一定要吃饺子。

209 **过去** guò · qù *v.* go over, pass by

过去问问；刚过去
你过去看看对面发生了什么事情。
王老师的课讲得很有意思，一节课很快就过去了。

210 **过** guo *pt.* *used after a verb to indicate a past action or state*

看过；读过；没听过
你看过这本书没有？
虽然来中国一年了，但我还没去过北京呢。

211 **海** hǎi *n.* sea

看海；这片海；海里
他看到了蓝蓝的大海。
夏天到了，人们喜欢到海边吹吹海风。

212 **海边** hǎi biān seaside

去海边；在海边
周末，我们全家都喜欢去海边玩儿。
一个人在海边走走的感觉真是太好了！

213 **喊** hǎn *v.* shout, yell

喊出来；大喊一声
如果你爱她，就大声喊出来吧。
别喊了，离得太远，他听不见。

214 **好** hǎo *adv.* quite

好几年；好美
这本书我看了好几遍了。
今天好冷，大家都不想出门。

215 **好处** hǎochù *n.* benefit, advantage

没有好处；不少好处；很多好处
努力读书，好处很多。
运动对身体很有好处。

216 **好多** hǎoduō *nu.* a great many, a lot of

好多机会；好多礼物；好多天
他去超市买了好多东西。
今天天气特别好，公园里有好多小朋友。

217 **好久** hǎojiǔ *adj.* for a long time

好久没来；好久不见；等了好久
他好久没回家了。
他坐在那里，一个人想了好久。

218 **好人** hǎorén *n.* good person

当好人；做好人；一个好人
好人一生平安！
看他那样子就知道他不是一个好人。

219 **好事** hǎoshì *n.* good deed, something beneficial

做好事；一件好事；很多好事
对自己有信心是件好事。
他从小就喜欢做好事，愿意帮助别人。

220 **好像** hǎoxiàng

（1）*adv.* as if
好像要下雨；好像在想什么
你听听，我这个词的读音好像不对。
老师讲了好几遍，他好像还是没明白。
（2）*v.* look like, seem
好像老朋友一样
你看，天上的月亮好像小船。
青年就好像早上八九点钟的太阳。

◎ 速练 Quick practice

一、先根据词语写拼音，再将词语和正确的英文释义连起来

Write Pinyin according to the words, and then match the words with the correct English definitions.

1. 关心 ________________	A. square, plaza
2. 观点 ________________	B. be concerned about
3. 广场 ________________	C. international
4. 国际 ________________	D. shout, yell
5. 海边 ________________	E. celebrate or spend the New Year
6. 好像 ________________	F. seaside
7. 喊 ________________	G. as if; look like, seem
8. 过年 ________________	H. viewpoint

二、选择合适的词语填空 Choose the right words and fill in the blanks.

（一） A. 关机 B. 关心 C. 观点 D. 广场 E. 广告

1. 同学们都很 ____ 自己的考试成绩。
2. 您好！您拨打（bōdǎ，call）的电话已 ____。
3. 我妈妈很喜欢看 ____，看到什么都想买。
4. 现在是自由讨论时间，请大家说出自己的 ____。
5. 天黑了，____ 上的灯亮了，人也越来越多了。

（二） A. 国际 B. 过来 C. 过年 D. 过去 E. 过

1. 我买了一台新电脑，有时间你 ____ 看看吧。
2. 这里有不少 ____ 学校。
3. 冬天 ____ 了，春天来了。
4. 很多人听 ____ 他的歌，大家都说他唱得好。
5. 在北方，人们喜欢 ____ 的时候吃饺子。

（三） A. 海 B. 海边 C. 喊 D. 好 E. 好处

1. 吃完晚饭后，我喜欢到 ____ 走走。
2. 这个夏天，我想去看 ____。
3. 今天早上我吃得 ____ 饱，到现在还不饿。
4. 每天吃一个鸡蛋对身体有 ____。
5. 孩子哭着 ____ 着要出去玩儿。

（四） A. 好多 B. 好久 C. 好人 D. 好事 E. 好像

1. 桌上有 ____ 不同颜色的笔。
2. 看样子，他 ____ 生气了，坐在那儿一句话也不说。
3. 我认为他是个 ____。
4. 如果每个人都做一点儿 ____，这个世界该多好啊。
5. 这个问题他想了 ____，还是没有想出来怎么回答。

三、选择合适的词语完成句子 Choose the right words to complete the sentences.

1. 我觉得他的 ____ 不一定对。

   A. 关心 B. 观点

2. 你快去帮我拿本词典 ____。

A. 过来　　B. 过去

3. 很多孩子喜欢到 ____ 玩儿。

A. 海　　B. 海边

4. 你 ____ 去一次超市？

A. 多久　　B. 好久

5. 她 ____ 不喜欢这件衣服。

A. 像　　B. 好像

第 12 单元　Unit 12

◎ 目标词语　Target words

221. 合适	222. 河	223. 黑	224. 黑板	225. 黑色
226. 红	227. 红色	228. 后来	229. 忽然	230. 湖
231. 护照	232. 花	233. 花园	234. 画	235. 画家
236. 画儿	237. 坏处	238. 坏人	239. 欢迎	240. 换

◎ 速记　Quick memory

221 **合适**　héshì　*adj.*　suitable

很合适；不太合适
这套衣服你穿非常合适。
我非常有信心，我们很快就能找到合适的房子。

222 **河**　hé　*n.*　river

河边；过河；一条河
小时候，他常常在河里游泳（yóuyǒng，swim）。
大河无水小河干，大河有水小河满。

223 **黑**　hēi　*adj.*　black

黑眼睛；黑黑的长发
天快要黑了，你们快回家吧。
你的头发又黑又长，真漂亮！

224 **黑板**　hēibǎn　*n.*　blackboard

写在黑板上；一块黑板；看黑板
墙上有一块黑板。
你能看清楚黑板上的字吗？

225 **黑色**　hēisè　*n.*　black

黑色大衣；黑色的头发
你看，有一辆黑色的车开过来了。
她有一双黑色的眼睛、一头长长的头发，真好看！

226 **红**　hóng　*adj.*　red

红太阳；红花
她的脸红了。
夏天的太阳像一个红红的火球。

227 **红色**　hóngsè　*n.*　red

红色的花；红色运动衣

用红色的笔把做错的题画出来。
我发现她不太喜欢穿红色的衣服。

228 **后来** hòulái *n.* afterwards

后来的事情；后来才出现
他以前是老师，后来做了商人。
我们两年前见过一面，后来再也没见过。

229 **忽然** hūrán *adv.* suddenly

忽然哭了；忽然下雨了
说着说着，她忽然笑了。
我正在安静地看书，忽然电话响了。
忽然，我眼前一黑，什么也看不见了。

230 **湖** hú *n.* lake

湖水；湖边；这个湖
夏天，很多人喜欢去湖边玩儿。
这个湖很有名，我们经常去。

231 **护照** hùzhào *n.* passport

办护照；带护照；找护照；一本护照
先生，这是您的护照，请拿好。
她一直在找自己的护照，但是找了好久都没找到。

232 **花** huā *v.* spend

花钱；花时间
我每天下班回家要花一个多小时。
不到一个月的时间，他花完了所有的钱。

233 **花园** huāyuán *n.* garden

花园里；一座花园
她家的花园很漂亮。
你看，房子的前边有一座花园。

234 **画** huà *v.* draw, paint

画画儿；不会画；喜欢画
她喜欢画画儿，还喜欢唱歌。
小明特别爱画动物。

235 **画家** huàjiā *n.* painter

当画家；一位画家
我小时候想当画家。
他是一位很有名的画家。

236 **画儿** huàr *n.* painting, picture

那张画儿；画画儿
他一边画画儿一边听音乐。

我女儿经常在家里的墙上画画儿。

237 **坏处** huàichù *n.* harm, disadvantage

没有坏处；有坏处
我认为这样做对你没有一点儿坏处。
不好好吃饭的坏处很多。

238 **坏人** huàirén *n.* bad person

像坏人；变成坏人
他看起来像一个坏人。
有时候好人和坏人很难分清楚。

239 **欢迎** huānyíng *v.* welcome

欢迎大家
你如果想参加，我们非常欢迎。
这本小说受到了年轻人的欢迎。

240 **换** huàn *v.* exchange; change

换钱；换衣服
你知道哪儿有银行吗？我想换点儿钱。
请问，我可以和您换一下儿座位吗？

◎ 速练 Quick practice

一、先根据词语写拼音，再将词语和正确的英文释义连起来
Write Pinyin according to the words, and then match the words with the correct English definitions.

1. 合适 ________________	A. suddenly
2. 黑色 ________________	B. welcome
3. 黑板 ________________	C. suitable
4. 忽然 ________________	D. harm, disadvantage
5. 护照 ________________	E. painter
6. 画家 ________________	F. black
7. 坏处 ________________	G. blackboard
8. 欢迎 ________________	H. passport

二、选择合适的词语填空 Choose the right words and fill in the blanks.

（一） A. 合适 B. 河 C. 黑 D. 黑板 E. 黑色

1. _____ 的工作不会在那里等着你，你要努力。

2. 房间里有点儿 ____，我们开灯吧。

3. 他坐在教室的后面，看 ____ 看得不太清楚。

4. 小时候，一到夏天，我们就到 ____ 边玩儿水。

5. 他的衣服差不多全是 ____ 的。

（二） A. 红 B. 红色 C. 后来 D. 忽然 E. 湖

1. 我前年去过一次北京，____ 再也没去过。

2. 公交车 ____ 停了下来。

3. 桌子上有很多又大又 ____ 的苹果。

4. 她适合（shìhé，fit）穿 ____ 的衣服。

5. 我家前边有一片很大的 ____。

（三） A. 画儿 B. 花 C. 花园 D. 画 E. 画家

1. 这位 ____ 的画儿卖得很贵。

2. ____ 里的花真多啊！

3. 我们不想 ____ 太多的钱买礼物。

4. 我认为左边的那张 ____ 最好看。

5. 我不认识路，请你 ____ 张地图，可以吗？

（四） A. 护照 B. 坏处 C. 坏人 D. 欢迎 E. 换

1. 他不是一个 ____，我们应该相信他。

2. 北京 ____ 你！

3. 我到机场才发现忘了带 ____。

4. 手机有它的好处，也有它的 ____。

5. 我打算下午去银行 ____ 钱。

三、选择合适的词语完成句子 Choose the right words to complete the sentences.

1. 这件黄色的上衣和那条 ____ 的裤子穿在妹妹身上非常好看。

   A. 黑 B. 黑色

2. ____，他去别的学校上学了，我有时候还是会想起他。

   A. 以后 B. 后来

3. 他对老师说，长大以后想当一名 ____。

A. 画家　　B. 画画儿

4. 上学的路上，我看到一座非常大的 ____。

A. 花　　B. 花园

5. 每天读 15 分钟课文，这对我们一点儿 ____ 都没有。

A. 坏处　　B. 好处

第13单元　Unit 13

◎ 目标词语　Target words

241. 黄	242. 黄色	243. 回	244. 回国	245. 会
246. 活动	247. 或	248. 或者	249. 机会	250. 鸡
251. 级	252. 急	253. 计划	254. 计算机	255. 加
256. 加油	257. 家	258. 家庭	259. 家长	260. 假

◎ 速记　Quick memory

241 **黄**　huáng　*adj.*　yellow

变黄；黄头发
我有个问题：时间长了，纸为什么会变黄呢？
春天来了，花开了，红的、白的、黄的，真好看！

242 **黄色**　huángsè　*n.*　yellow

穿黄色衣服；黄色头发
她手里拿着一个黄色的球。
她很喜欢黄色，所以买了很多黄色的衣服。

243 **回**　huí　*m.*　*used to indicate the number of events and actions*

好几回；来过一回；两回事
我很喜欢中国文化，所以我去过好几回中国。
他刚刚只是告诉你问题，不是真的生气，你别太当回事。

244 **回国**　huí guó　go back to one's motherland

不回国；回国休假
我是今年8月回国的。
下个月他就要回国了。

245 **会**　huì　*n.*　meeting

开会；有一个会
今天下午，王经理有一个重要的会。
上班第一天，公司为他办了一场欢迎会。

246 **活动**　huódòng

（1）*v.*　move about, exercise
下雨了，同学们只能在教室里活动一下儿。
坐的时间长了，应该起来活动活动。
（2）*n.*　event, activity
参加活动；课外活动；重要活动
想参加这次活动的同学，请举手。
大家认为体育活动对身体有很多好处。

247 **或** huò *conj.* or

或多或少；或早或晚
你或李明，谁去开这个会都可以。
学生或多或少会受到老师的影响。
画儿上的鸟在天上飞着，或高或低，或远或近。

248 **或者** huòzhě *conj.* or

我下周或者下下周去。
有问题给我打电话或者发邮件都可以。

249 **机会** jī · huì *n.* chance, opportunity

一个机会；好机会
这是一个出国留学的好机会。
想得到机会就要努力。

250 **鸡** jī *n.* chicken

一只鸡；鸡肉；养鸡
妈妈去超市买了一只鸡。
奶奶养了几只鸡。

251 **级** jí *n.* level

高级；HSK 二级
音乐考试一共分十级。
我上个月参加了 HSK 五级考试。

252 **急** jí *adj.* urgent; anxious

急事；很急；急得大喊
这件事情很急，必须马上完成。
别急！时间还早，我们再等一会儿。

253 **计划** jìhuà

（1）*n.* plan, project
工作计划；学习计划；这个计划
这个计划你还要再想想。
我们每个星期都要做一个周计划。
（2）*v.* map out, plan
我们计划放假去北京玩儿一个星期。
他计划夏天离开北京，明年春天再回来。

254 **计算机** jìsuànjī *n.* computer

计算机水平；计算机公司；一台计算机
计算机，我们都习惯叫它电脑。
现在，我们天天都会用到计算机。

255 **加** jiā *v.* add; plus; increase

一加一；加长；加生词
3加4等于7。

请再加长一些，现在有点儿短。
今天家里有客人来，多加几个菜。

256 **加油** jiā//yóu make a greater effort

加油干；为你加油
孩子，加油，相信你可以的！
人们叫着喊着为运动员（yùndòngyuán，athlete）加油。

257 **家** jiā *suf.* specialist in a certain field

科学家；画家；教育家
小时候，我想成为一名画家。
他的妈妈是一位有名的音乐家。

258 **家庭** jiātíng *n.* family

大家庭；家庭教育；许多家庭
她的家庭条件一般。
他出生在一个教师家庭。

259 **家长** jiāzhǎng *n.* parent or guardian of a child

家长会；两位家长
这学期学校开了两次家长会。
校长向家长们介绍了一下儿学校。

260 **假** jiǎ *adj.* false, fake; artificial

假话；假山
他的话半真半假，你别全信。
公园里有一座假山，不高。

◎ 速练 Quick practice

一、先根据词语写拼音，再将词语和正确的英文释义连起来

Write Pinyin according to the words, and then match the words with the correct English definitions.

1. 黄色 ________	A. plan, project; map out, plan
2. 回国 ________	B. move about, exercise; event, activity
3. 活动 ________	C. or
4. 或者 ________	D. false, fake; artificial
5. 机会 ________	E. yellow
6. 计划 ________	F. family
7. 家庭 ________	G. go back to one's motherland
8. 假 ________	H. chance, opportunity

二、选择合适的词语填空 Choose the right words and fill in the blanks.

（一） A. 黄 B. 黄色 C. 回 D. 回国 E. 会

1. 这件事我问了他好几 ____ 了，他也不清楚。
2. 我们在他 ____ 之前，一起吃过饭。
3. 花园里有许多花，____ 的、蓝的、红的……
4. 我用 ____ 的笔在笔记本上画出了重要的地方。
5. 这个月，他听了好几场音乐 ____。

（二） A. 活动 B. 或 C. 假 D. 机会 E. 鸡

1. 你看那只小 ____，真可爱！
2. 他一有 ____ 就和中国人用中文说话。
3. 上周末，他参加了学校的爬山 ____。
4. 他面前有两条路：读书 ____ 工作。
5. 记住，小孩子不要说 ____ 话。

（三） A. 级 B. 急 C. 计划 D. 计算机 E. 或者

1. 周末我们可以去公园，____ 去看电影。
2. 经过多年的努力，她的中文已经是高 ____ 水平了。
3. 现在，人们工作、学习越来越离不开 ____ 了。
4. 知道这个结果后，大家都 ____ 得不知道该怎么办。
5. 做事没有 ____，就可能出错。

（四） A. 加 B. 加油 C. 家 D. 家庭 E. 家长

1. 小时候，我想成为一名音乐 ____。
2. 今天学校有 ____ 会，我妈妈去参加了。
3. 我认为，____ 教育比学校教育更重要。
4. 30 ____ 40 等于多少呢？
5. ____，同学们！你们一定会取得好成绩的。

三、选择合适的词语完成句子 Choose the right words to complete the sentences.

1. 秋天来了，草变 ____ 了。

   A. 黄 B. 黄色

2. 考完试，你是 ____ 还是留在中国？

A. 回　　B. 回国

3. 我们 ____ 放假出去玩儿，你想跟我们一起吗？

A. 活动　　B. 计划

4. 感到生活很难的时候，要为自己 ____。

A. 加　　B. 加油

5. 我听说，她是在一个大 ____ 中长大的。

A. 家庭　　B. 家长

第 14 单元　Unit 14

◎ 目标词语　Target words

261. 假期	262. 检查	263. 见到	264. 见过	265. 件
266. 健康	267. 讲	268. 讲话	269. 交	270. 交给
271. 交朋友	272. 交通	273. 角	274. 角度	275. 饺子
276. 脚	277. 叫作	278. 教师	279. 教室	280. 教学

◎ 速记　Quick memory

261 **假期**　jiàqī　*n.*　vacation, holiday

三天的假期；这个假期；快乐的假期
假期我们玩儿得很开心。
这个假期你过得怎么样？

262 **检查**　jiǎnchá

（1）*v.*　inspect, check
检查工作；检查一遍；认真检查
作业写完以后，要认真检查。
你检查检查书包，看看有没有忘带什么。
（2）*n.*　self-criticism
写检查；做检查
老师让我们每个人写一份检查。

263 **见到**　jiàndào　see, meet

很难见到；很少见到；见不到；见得到
很高兴见到你，王先生。
你见到我的白球鞋了吗？
真高兴不用再见到她了！

264 **见过**　jiànguo　have seen

我好像在哪里见过她。
我离开学校后，就再没见过劳拉。

265 **件**　jiàn　*m.*　*a measure word for clothes, things, etc.*

一件衣服；这件大衣；几件事
妈妈送了我一件非常漂亮的衣服，我很喜欢。
现在有两件非常重要的事情要告诉大家。

266 **健康**　jiànkāng

（1）*adj.*　healthy
健康的身体；健康的食物；非常健康
家人身体健康，就是我最大的快乐。

爷爷是一个健康的老人。
（2）*n.* health
经常哭会影响人的健康。

267 **讲** jiǎng *v.* speak, say, talk

听讲；讲故事；不讲道理
他讲的故事真有意思。
好久不见，我有许多话要对你讲。

268 **讲话** jiǎng//huà speak, talk

想讲话；讲不了话；讲一段话
别说话了，经理正在讲话呢。
以后不要对爸爸妈妈讲那样的话，知道吗？

269 **交** jiāo *v.* hand over; associate with

交钱；交手机；交朋友
同学们一进教室就先交作业。
今天写的作文大家都交了吧？

270 **交给** jiāo gěi deliver

这份工作交给他，我很放心。
做饭的事情可以交给我，你去休息一会儿。

271 **交朋友** jiāo péngyou make friends

不爱交朋友；交个朋友
李明说他喜欢和人交朋友。
他在中国留学的时候交了很多朋友。

272 **交通** jiāotōng *n.* traffic

交通问题；交通安全
这么多年，交通问题一直影响着人们的生活。
这儿有很多公交车站，交通很方便。

273 **角** jiǎo

（1）*m.* *a fractional unit of Chinese currency*
一角钱
一元等于十角。
小时候，五角钱都可以给我们带来很多的快乐。
（2）*n.* horn; corner
牛角；墙角；眼角
你知道头上长角的动物有哪些吗？
桌角有一本书，你可以帮我拿过来吗？

274 **角度** jiǎodù *n.* angle; point of view

角度不够大；角度不同；新的角度
爸爸，我们数学课今天学了角度。
每个人看问题的角度不同。

275 **饺子** jiǎozi *n.* dumpling

吃饺子；包饺子；一个饺子
这家店的饺子很好吃。
他们会包饺子，还会唱中文歌。

276 **脚** jiǎo *n.* foot

一只脚；一双脚；洗脚
她刚刚洗完脚，现在又弄脏了。
今天走了很长时间的路，脚都走疼了。

277 **叫作** jiàozuò *v.* be called

看到这个孩子，才知道什么叫作可爱。
人们把年轻人叫作早上八九点钟的太阳。

278 **教师** jiàoshī *n.* teacher

家庭教师；成为教师；一名教师
我想成为一名中文教师。
这位教师对学生的要求非常高。

279 **教室** jiàoshì *n.* classroom

教室里；离开教室；一间教室
大家不要在教室里大声说话。
老师走进教室时，大家都看着她。

280 **教学** jiàoxué *n.* teaching

课堂教学；教学计划；教学工作；教学水平
王老师的教学水平很高。
教师一定要在开学前做好教学计划。

◎ 速练　Quick practice

一、先根据词语写拼音，再将词语和正确的英文释义连起来
Write Pinyin according to the words, and then match the words with the correct English definitions.

1. 假期 ________	A. healthy; health
2. 检查 ________	B. deliver
3. 叫作 ________	C. traffic
4. 健康 ________	D. vacation, holiday
5. 交给 ________	E. teacher
6. 交通 ________	F. inspect, check; self-criticism
7. 教师 ________	G. be called
8. 教室 ________	H. classroom

二、选择合适的词语填空 Choose the right words and fill in the blanks.

（一） A. 假期 B. 检查 C. 见到 D. 见过 E. 件

1. 你什么时候 ____ 他？你怎么没跟我说过呢？
2. 儿子长高了，衣服都小了，我们一起去给他买几 ____ 衣服吧。
3. 想起那个难忘（nánwàng，unforgettable）的 ____，我还是非常开心。
4. 工作人员（rényuán，personnel, staff）在 ____ 中发现了不少问题。
5. 我很少 ____ 她像今天这么开心。

（二） A. 健康 B. 讲 C. 讲话 D. 交 E. 交给

1. 什么样的人 ____ 什么样的朋友。
2. 我正在吃饭，所以没办法 ____。
3. 身体 ____ 比什么都重要。
4. 上课前，我想给你们 ____ 一个故事。
5. 你放心走吧，这件事情可以 ____ 我。

（三） A. 交朋友 B. 交通 C. 角 D. 角度 E. 饺子

1. 生活中，他喜欢和不同的人 ____。
2. 昨天，我和好朋友一起吃了 ____，真开心！
3. 我们一定要重视 ____ 安全。
4. 这瓶水两元五 ____。
5. 从不同的 ____ 看问题，你可能会有很多新的想法。

（四） A. 脚 B. 叫作 C. 教师 D. 教室 E. 教学

1. 这位年轻 ____ 的教学水平非常高。
2. 每个老师都有自己的 ____ 方法。
3. 她穿了件白色的衣服，____ 上穿着一双球鞋。
4. 国际学生我们一般 ____ 留学生。
5. 他在 ____ 里学习的时候，听到有人在唱歌。

三、选择合适的词语完成句子 Choose the right words to complete the sentences.

1. 刚过去的 ____ 你玩儿得怎么样？

   A 假期　　B 放假

2. 我前两天还 ____ 她和朋友一起去超市买东西。

A. 见面　　B. 见到

3. 今天的讨论会每个人都有 ____ 的机会。

A. 讲　　B. 讲话

4. 如果这份工作 ____ 你，你能在明天中午前完成吗？

A. 交　　B. 交给

5. 小时候我就想成为一名 ____，没想到现在真的实现了。

A. 教师　　B. 教学

第15单元 Unit 15

◎ 目标词语 Target words

281. 教育	282. 接	283. 接到	284. 接受	285. 接下来
286. 接着	287. 街	288. 节	289. 节目	290. 节日
291. 结果	292. 借	293. 斤	294. 今后	295. 进入
296. 进行	297. 近	298. 经常	299. 经过	300. 经理

◎ 速记 Quick memory

281 **教育** jiàoyù

（1）*v.* educate

教育学生；教育孩子；进行教育

我一直记得老师教育我的话。

我没有做错什么，你为什么要教育我？

（2）*n.* education

学校教育；重视教育

这个国家非常重视教育。

二十年后的中小学教育会是什么样子呢？

282 **接** jiē *v.* catch; receive; meet

接球；接电话；接人

今天你能帮我去机场接一下儿人吗？

你工作这么忙，还过来接我，真的非常感谢！

283 **接到** jiēdào receive

已经接到；没接到

接到通知后，我们就出发了。

我手机放家里了，所以没接到他的电话。

284 **接受** jiēshòu *v.* accept

接受礼物；接受帮助

你不应该接受那份礼物。

我接受你的观点，但是我也有不同的想法。

285 **接下来** jiē·xià·lái next

接下来的几周；接下来的事情

没有人知道接下来会发生什么事。

接下来的六个月可能是最难的，我们要一起加油。

286 **接着** jiēzhe

（1）*v.* carry on; follow

他接着那个故事讲了下去。
上课了，同学们一个接着一个地走进教室。
（2）*adv.* and then
我讲完了你接着讲。
校长停了一下儿，又接着说了下去。

287 **街** jiē *n.* street

街上；这条街；上街
今天是周末，街上人很多。
这条街上有很多卖花的商店。

288 **节** jié

（1）*n.* festival, holiday
春节；过节
五月四日是青年节。
学校每年都会举行校园文化节。
（2）*m.* section; length
一节课；两节火车
我们今天只有两节课。
听说最长的火车有600多节。

289 **节目** jiémù *n.* program

这个节目；春节晚会的节目；看节目
明天的晚会你有节目吗？
我非常喜欢看你们的节目。

290 **节日** jiérì *n.* festival

特别的节日；重要的节日
你知道的中国节日有哪些？
六月一日是孩子们的节日。

291 **结果** jiéguǒ

（1）*n.* result, outcome
好结果；没有结果；出结果
如果你想要一个好结果，那就努力吧。
这件事情再说下去也不会有结果的，我们今天先这样吧。
（2）*conj.* consequently
他不听我们的，结果事情没办成。
菜太好吃了，结果我们都吃多了。
他学习不认真，结果考试没通过。

292 **借** jiè *v.* borrow, lend

借钱；借书
你可以借我一百块钱吗？
我的车借给朋友了，她明天还给我。

293 **斤** jīn *m.* *a unit of weight, equal to half a kilogram*

一斤；几斤

请给我来两斤肉。
我感觉这些水果最多十斤。

294 **今后** jīnhòu *n.* in future, from now on

今后的几年
我今后要努力学习。
这对我们今后的工作大有好处。

295 **进入** jìnrù *v.* get into, enter

进入房间；不想进入
进入六月，天越来越热了。
上课了，同学们都进入教室了。
我们明天就要进入下一课的学习了。

296 **进行** jìnxíng *v.* go on, carry on

进行中；进行讨论
考试还在进行，请大家安静。
这件事情进行得很顺利，她对自己很有信心。

297 **近** jìn *adj.* near, close

离得近；近几年
小王的工作单位离家很近。
近几年我都没回过家。

298 **经常** jīngcháng *adv.* often, constantly

经常不吃早饭；经常上网
她经常工作到很晚。
上学的时候，她经常一个人去图书馆学习。

299 **经过** jīngguò

（1）*v.* pass; go through, go by, undergo
经过一家饭馆；经过大家讨论
你开车经过超市吗？能帮我带点儿东西吗？
经过讨论，我们最后还是想再给你一次机会。
（2）*n.* process
事情的经过；旅行的经过
你能讲一讲事情的经过吗？
大家都想听一听比赛（bǐsài，match）的经过。

300 **经理** jīnglǐ *n.* manager

你见到王经理了吗？我们都在找他。
她想成为公司的经理，所以工作非常认真。

◎ 速练 Quick practice

一、先根据词语写拼音，再将词语和正确的英文释义连起来

Write Pinyin according to the words, and then match the words with the correct English definitions.

1. 教育 ________	A. festival
2. 接受 ________	B. result, outcome; consequently
3. 接下来 ________	C. educate; education
4. 节日 ________	D. get into, enter
5. 结果 ________	E. accept
6. 进入 ________	F. often, constantly
7. 经常 ________	G. next
8. 经理 ________	H. manager

二、选择合适的词语填空 Choose the right words and fill in the blanks.

（一） A. 接 B. 接到 C. 接受 D. 接下来 E. 接着

1. ____ 的几天会有小雨，记得带伞（sǎn，umbrella）。
2. 他太饿了，饭一口 ____ 一口地吃，没时间和别人说话。
3. 外边人太多了，我去里边 ____ 个电话。
4. ____ 那个通知后，我们就开始准备了。
5. 一直到现在，我还是没办法 ____ 他说的事情。

（二） A. 教育 B. 街 C. 节 D. 节目 E. 节日

1. 我们每个星期上五 ____ 体育课。
2. 这个 ____ 我看了很久了，我感觉年轻人会很喜欢。
3. 春节是中国最重要的 ____ 之一。
4. 他以前是一名教师，所以对 ____ 有很多自己的看法。
5. 这条 ____ 上有很多好吃的，还有很多卖衣服的。

（三） A. 结果 B. 借 C. 斤 D. 进入 E. 今后

1. 我忘带笔记本了，上课前找同学 ____ 了一个本子。
2. 这是我们公司 ____ 几年的重点工作。
3. 看到 ____ 后，她感到很高兴。

4. 现在已经 ____ 最后三个星期了，你们加油，一定可以的！

5. 超过 130 ____ 后，她开始少吃、多运动。

（四） A. 进行 B. 近 C. 经常 D. 经过 E. 经理

1. 我家离超市很 ____，我经常去那儿买东西。

2. ____ 了一年时间，她发生了很大的改变。

3. 我们公司每年都会 ____ 一次工作检查。

4. 那件事我已经和 ____ 商量过了。

5. 这种问题 ____ 发生，我们一定要多加小心。

三、选择合适的词语完成句子 Choose the right words to complete the sentences.

1. 孩子做错了的时候，家长一定要 ____ 孩子。

A. 教育 B. 教学

2. 我刚刚 ____ 一封信。

A. 接到 B. 接受

3. 非常感谢你送给我的 ____ 礼物，我很喜欢。

A. 节目 B. 节日

4. 他正在和经理 ____ 一场非常重要的对话。

A. 进入 B. 进行

5. 我发现她 ____ 穿红色的衣服。

A. 经常 B. 经过

第16单元　Unit 16

◎ 目标词语　Target words

301. 酒	302. 酒店	303. 就要	304. 举	305. 举手
306. 举行	307. 句	308. 句子	309. 卡	310. 开机
311. 开心	312. 开学	313. 看法	314. 考生	315. 靠
316. 科	317. 科学	318. 可爱	319. 可能	320. 可怕

◎ 速记　Quick memory

301 **酒**　jiǔ　*n.*　alcoholic drink, wine

喝酒；买酒；一瓶酒
我爸爸有时候会喝一点儿酒。
离开的那天，我们一起喝了很多酒。

302 **酒店**　jiǔdiàn　*n.*　hotel

酒店里；住酒店；一家酒店
他来北京旅行的时候，住了几天酒店。
这家酒店的服务很好，很多游客喜欢住这儿。

303 **就要**　jiùyào　*adv.*　about to, going to

飞机就要起飞了。
我感觉马上就要下雨了，你快进房间来。

304 **举**　jǔ　*v.*　lift, raise

举杯；举起来
这个球太重了，我完全举不起来。
老师正在讲课时，有一位同学举起了手。

305 **举手**　jǔshǒu　*v.*　raise one's hand(s)

举手回答问题
如果谁还有问题，可以举手。
如果谁可以做到，请举手告诉我。

306 **举行**　jǔxíng　*v.*　hold

举行活动
这儿经常举行音乐会。
我们每年都会给孩子举行生日会，她特别开心。

307 **句**　jù　*m.*　*a measure word for sentences, words, etc.*

一句话；说几句；每句话
他离开的时候，一句话也没有说。
A：这篇课文你会背吗？

B：我只会背前几句。

308 **句子** jùzi *n.* sentence

那个句子；这些句子；几个句子
你知道这个句子是什么意思吗？
请用给出的词语完成以下句子。

309 **卡** kǎ *n.* card

门卡；信用卡；一张卡；办卡
我们店里可以使用信用卡。
昨天我办了校园卡。

310 **开机** kāi//jī start (a machine or an engine)

手机开机；开不了机；开着机
手机进水之后，先不要开机。
你的电脑没坏，重新开机就好了。

311 **开心** kāixīn

（1）*adj.* happy, delighted
特别开心；不太开心
我发现你好像不是很开心，你怎么了？
当你开心的时候，你会觉得时间过得很快。
（2）*v.* make fun of
我不喜欢别人拿我开心。

312 **开学** kāi//xué (of a school) begin, open

开学后；开不了学
A：你们什么时候开学？
B：我们下个星期就开学了。
开学前，我们必须完成作业。

313 **看法** kàn·fǎ *n.* opinion, view

看法相同；有看法；改变看法
大家对这个问题都有自己的看法。
你对这件事情有什么不同的看法吗？
我最近改变了对她的看法，发现她是个非常可爱的女生。

314 **考生** kǎoshēng *n.* examinee

很多考生；几位考生
今年有15万考生参加考试。
所有考生都已经进入教室准备考试。

315 **靠** kào *v.* lean against/on; depend on

靠墙站；靠自己
桌子可以靠墙放，方便人们进出。
她靠自己的努力，考上了非常不错的大学。

316 **科** kē *n.* branch of academic or vocational study

医科；文科

这是一所（suǒ，*a measure word for houses, schools, etc.*）医科大学。

317 **科学** kēxué

（1）*n.* science
科学家；科学知识；相信科学
我们应该相信科学。
我一直在学习计算机科学。
（2）*adj.* scientific
这种方法很科学。

318 **可爱** kě'ài *adj.* lovely

可爱的小动物；非常可爱
动物园里有很多可爱的小动物。
这个小女孩儿真可爱，我们都很喜欢她。

319 **可能** kěnéng

（1）*v.* might
今天可能会下雨。
他可能已经知道检查结果了。
（2）*adj.* possible
这件事是不可能的。
（3）*n.* possibility
有可能；两种可能
老师今天没来，有一种可能是生病了。

320 **可怕** kěpà *adj.* fearful, frightful

可怕的事情；十分可怕
昨天晚上发生了一件可怕的事情。
什么样的人能做出这样可怕的事呢？

◎ 速练 Quick practice

一、先根据词语写拼音，再将词语和正确的英文释义连起来

Write Pinyin according to the words, and then match the words with the correct English definitions.

1. 酒店 ________	A. science; scientific
2. 举手 ________	B. raise one's hand(s)
3. 举行 ________	C. fearful, frightful
4. 句子 ________	D. hotel
5. 开机 ________	E. examinee
6. 考生 ________	F. sentence
7. 科学 ________	G. hold
8. 可怕 ________	H. start (a machine or an engine)

二、选择合适的词语填空 Choose the right words and fill in the blanks.

（一） A. 酒 B. 酒店 C. 举 D. 举手 E. 举行

1. 这么重的东西大人都 ____ 不起来，小孩子怎么可能 ____ 起来呢？
2. 昨天，他们两人 ____ 了婚礼（hūnlǐ，wedding ceremony）。
3. 离开的那天，我们一起喝了很多 ____。
4. 看到没有人 ____，老师又重复了一遍刚才的问题。
5. 在上海旅行的那几天，他都是住在这个大 ____。

（二） A. 就要 B. 句 C. 句子 D. 卡 E. 靠

1. 老师读 ____ 让我们听写。
2. 我过一会儿 ____ 走了，你还有什么想说的吗？
3. 人们常说："____ 山吃山，____ 水吃水。"
4. 看你们都这么安静，那我来说两 ____ 吧。
5. 您好！您的房号是1201，这是您的房 ____，请拿好。

（三） A. 开机 B. 开心 C. 开学 D. 看法 E. 考生

1. 今天是8月21号，马上就要 ____ 了。
2. 考完试后，我跟那位 ____ 说了几句话。
3. 下飞机后，手机就可以 ____ 了。
4. 我们很想听听你对这件事情的 ____。
5. 我们今天在朋友的生日会上玩儿得很 ____。

（四） A. 科 B. 科学 C. 可爱 D. 可能 E. 可怕

1. 要想学好知识，一定要有 ____ 的学习方法。
2. 他昨天晚上病了，今天 ____ 参加不了活动。
3. 这件事情想想都觉得 ____。
4. 眼睛不舒服应该去医院看眼 ____。
5. ____ 的小鱼在水里游（yóu，swim）来游去。

三、选择合适的词语完成句子 Choose the right words to complete the sentences.

1. 不到18岁，是不能喝 ____ 的。

   A. 酒 B. 酒店

2. 如果还有人要纸和笔，请 ____。

A. 举　　　　B. 举手

3. 你以为说这么几 ____ 话，我就不生气了吗？

A. 句　　　　B. 句子

4. 这学期 ____ 后，我交了很多新朋友。

A. 开学　　　　B. 开心

5. 如果你们不参加，这个活动是不 ____ 办好的。

A. 能　　　　B. 可能

第17单元　Unit 17

◎ 目标词语　Target words

321. 可是	322. 可以	323. 克	324. 刻	325. 客人
326. 课堂	327. 空气	328. 哭	329. 快餐	330. 快点儿
331. 快乐	332. 快要	333. 筷子	334. 拉	335. 来自
336. 蓝	337. 蓝色	338. 篮球	339. 老（*adv.*）	340. 老（*pref.*）

◎ 速记　Quick memory

321 **可是**　kěshì　*conj.*　but

这个房间虽然有点儿小，可是很安静。
你说了这么多，可是你真的做得到吗？

322 **可以**　kěyǐ　*v.*　can, may

可以在教室学习；可以听
这辆车可以坐7个人。
请问，我一次借5本书，可以吗？

323 **克**　kè　*m.*　gram

几克；多少克
一斤是500克。
这个篮球重600克。

324 **刻**　kè　*m.*　quarter (of an hour)

现在是六点一刻，你们准备好了吗？
一刻钟（zhōng，time as stated in hours and minutes）后，天就黑了。

325 **客人**　kè · rén　*n.*　visitor, guest

客人们；一位客人
客人中午才能到酒店。
你是主人，他是客人，你说话要友好。

326 **课堂**　kètáng　*n.*　class

课堂上；课堂活动；课堂讨论
课堂上，我们要认真听讲。
这是我做的课堂笔记。
社会（shèhuì，society）是个大课堂，我们能学到很多东西。

327 **空气**　kōngqì　*n.*　air

空气好；空气差；房间里的空气
山里的空气好，真想去山里住两天。

今天外面的空气怎么样？

328 **哭** kū *v.* cry

不要哭；想哭；哭出来
你哭什么？
她心里难过，一边走一边哭。

329 **快餐** kuàicān *n.* fast food

快餐店；吃快餐；点快餐
平时工作忙的时候，我会吃快餐。
快餐又便宜又方便。

330 **快点儿** kuài diǎnr hurry up

你上班要晚了，快点儿。
快点儿进来，外面下雨了。

331 **快乐** kuàilè *adj.* happy

很快乐；不快乐；节日快乐
这里的人们生活得很快乐。
生日快乐！
为了让她快乐起来，我们想了很多办法。

332 **快要** kuàiyào *adv.* about to, going to

快要完成了；快要到了
我快要18岁了。
节目快要开始了，你们别说话了。
我的作业快要写完了，你等我一会儿。

333 **筷子** kuàizi *n.* chopsticks

这些筷子；一双筷子
中国人用筷子吃饭。
你在哪里买的筷子？我也想买。

334 **拉** lā *v.* pull; transport (by vehicle); play (a musical instrument)

手拉手；拉不动；拉走
我拉开门，看见她站在那里。
车在路上坏了，我请人拉走了。
马克10岁就开始拉小提琴（xiǎotíqín，violin）了。

335 **来自** láizì *v.* come from

来自中国；来自哪里
她的很多想法都来自这本小说。
我们来自不同的国家，今天能够坐在一起，大家就是朋友。

336 **蓝** lán *adj.* blue

蓝天；蓝蓝的海水
海水蓝蓝的，亮亮的。

你的蓝大衣在哪里买的？

337 **蓝色** lánsè *n.* blue

蓝色的衣服；蓝色的大海
她有一双蓝色的眼睛，真好看。
你觉得蓝色的好看，还是绿色的好看？

338 **篮球** lánqiú *n.* basketball

篮球队；打篮球；一个篮球
他经常和朋友一起打篮球。
我听说许多篮球明星都来自那个中学。

339 **老** lǎo *adv.* always

老生病；老找你
这地方我老去，很熟。
他最近老不在办公室，是不是家里有事？

340 **老** lǎo *pref.* *used to call people, ranking order among brothers and sisters, and in the names of some plants and animals*

老张；老三；老虎（hǔ，tiger）
老王刚下班，回家休息去了。
他家有三个孩子，他是老二。

◎ 速练 Quick practice

一、先根据词语写拼音，再将词语和正确的英文释义连起来

Write Pinyin according to the words, and then match the words with the correct English definitions.

1. 可是 ________________ A. basketball
2. 可以 ________________ B. visitor, guest
3. 客人 ________________ C. hurry up
4. 课堂 ________________ D. chopsticks
5. 快点儿 ______________ E. but
6. 快要 ________________ F. can, may
7. 筷子 ________________ G. class
8. 篮球 ________________ H. about to, going to

二、选择合适的词语填空 Choose the right words and fill in the blanks.

（一） A. 可是 B. 可以 C. 克 D. 刻 E. 客人

1. 这东西重多少 ____？

2. 飞机两点一 ____ 起飞。

3. 我很想和你一起去，____ 我现在没有时间。

4. 本周会有很多重要的 ____ 来我们店里，你们要做好准备工作。

5. 你 ____ 去吃饭，也 ____ 去睡觉。

（二） A. 课堂 B. 空气 C. 哭 D. 快餐 E. 快点儿

1. 如果感觉心里很难受，那就 ____ 出来吧。

2. ____ 吃饭，我们还有事要做呢，时间不早了。

3. ____ 学习非常重要，你一定要认真听老师讲课。

4. 花园里有很多花花草草，____ 特别好。

5. 如果有条件自己做饭，就不要吃 ____。

（三） A. 快乐 B. 快要 C. 筷子 D. 拉 E. 老

1. ____ 下雨了，你们快进来吧。

2. 这个房间 ____ 不住人，房间里的空气不太好。

3. 和朋友在一起时，我感到很 ____。

4. 开饭了，你去拿碗和 ____ 吧。

5. 孩子们手 ____ 着手，唱啊，跳啊，特别高兴。

（四） A. 蓝 B. 蓝色 C. 篮球 D. 老 E. 来自

1. 他的 ____ 打得真好！我想让他教我。

2. ____ 的大海太美了！

3. 我有个中国朋友姓张，比我大，所以我叫他 ____ 张。

4. 春天来了，草是绿的，天是 ____ 的。

5. 我 ____ 中国，是中国人。

三、选择合适的词语完成句子 Choose the right words to complete the sentences.

1. 我给你打了好几次电话，____ 一直没有人接。

A. 可是 B. 可以

2. 电影五点一 ____ 开始，我们快走吧。

A. 克 B. 刻

3. 这是今天的 ____ 作业，做不完的同学回家后接着做。

A. 课堂　　B. 教室

4. 我告诉她这个结果的时候，她高兴得 ____ 哭了。

A. 快要　　B. 只要

5. 她喜欢穿 ____ 的衣服。

A. 蓝　　B. 蓝色

第18单元 Unit 18

◎ 目标词语 Target words

341. 老年	342. 老朋友	343. 老是	344. 离	345. 离开
346. 礼物	347. 里头	348. 理想	349. 例如	350. 例子
351. 脸	352. 练	353. 练习	354. 凉	355. 凉快
356. 两	357. 亮	358. 辆	359. 零下	360. 留

◎ 速记 Quick memory

341 **老年** lǎonián *n.* old age

老年人；老年朋友
这个楼里住的主要是老年人。
张爷爷每天去老年大学学习英语，真的是“活到老，学到老”。

342 **老朋友** lǎo péngyou old friend

两个老朋友；多年不见的老朋友
我们是几十年的老朋友了，有话直接说。
认识新朋友，不忘老朋友，让我们永远是好朋友。

343 **老是** lǎo·shì *adv.* always, often

老是生病；老是生气
她老是叫错我的名字。
最近老是下雨，我们都没办法出门了。

344 **离** lí

（1）*v.* leave
离家；离校
小明离家已经两年了，家人们都很想他。
他特别喜欢看书，每天书不离手。
（2）*prep.* apart from
这里离北京还很远。
离HSK考试还有一个月。

345 **离开** lí//kāi leave

离开父母；离开中国；离不开
他离开家已经三年了。
他们刚结婚（jié//hūn，marry）的时候好得像一个人，谁也离不开谁。

346 **礼物** lǐwù *n.* gift, present

送礼物；选礼物；买礼物；一件生日礼物
这是我们给你准备的生日礼物。
谢谢你送给我的礼物，我很喜欢。

347 **里头** lǐtou *n.* inside

房间里头；心里头
爸爸的房间在最里头。
你知道这菜里头放了什么吗？太好吃了！

348 **理想** lǐxiǎng *n.* ideal

有理想；没有理想；实现理想
她的理想是成为一名科学家。
每个人都在为自己的理想而努力。

349 **例如** lìrú *v.* for instance, such as

他有很多爱好，例如唱歌、画画儿、爬山。
我们什么球都卖，例如篮球、排球、网球等。

350 **例子** lìzi *n.* example

举例子；这个例子
如果你还是不懂，那我给你举几个生活中的例子吧。
我们一起来看看这几个例子。

351 **脸** liǎn *n.* face

洗脸；脸上
这天气像小孩子的脸，说变就变，刚才还是晴天，忽然下雨了。
大家和她开了个玩笑，她的脸马上就红了。

352 **练** liàn *v.* practice

练球；练普通话
想说一口流利的中文就要多听多练。
我经常去学校的英语角练英语。

353 **练习** liànxí

（1）*v.* practice
练习中文；经常练习
我每天都会练习说中文。
你的字写得太难看了，以后要多练习。
（2）*n.* practice
练习本；练习题；做练习
这次的练习你做得很好。
每个练习都有不同的重点，有时间的话你就都做一下儿。

354 **凉** liáng *adj.* cool

凉水；凉风；有点儿凉
快来吃饭，菜都要凉了。
天气变凉了，你们平时多穿点儿衣服。

355 **凉快** liángkuai *adj.* nice and cool

感觉凉快；凉快的天气
下雨后，天气凉快多了，我们出去走走吧。

太热了，这里很凉快，我们先坐会儿。

356 **两** liǎng *m.* a unit of weight (=50 grams)

一两等于五十克。
这一杯酒有二两。

357 **亮** liàng

（1）*adj.* bright, light
这个房间里的灯真亮。
她的眼睛又黑又亮，真漂亮！
（2）*v.* brighten, lighten
明天天一亮我们就出发，怎么样？
听到这个消息，他眼睛一亮，开心地笑了。

358 **辆** liàng *m.* *a measure word for vehicles*

一辆自行车；一辆公交车
我打电话给你叫辆出租车。
这个停车场可以停多少辆车？

359 **零下** líng xià sub-zero

零下十度；零下几度
今天的最低气温是零下十度，好冷啊！
北方的冬天，零下一二十度是很正常的。

360 **留** liú *v.* remain, stay; keep

留在北京；留作业；留长发
这个学期放假之后，我想留在学校学习。
姐姐想留长头发，她说那样好看。

◎ 速练 Quick practice

一、先根据词语写拼音，再将词语和正确的英文释义连起来
Write Pinyin according to the words, and then match the words with the correct English definitions.

1. 老朋友 ______________	A. gift, present
2. 离开 ______________	B. nice and cool
3. 礼物 ______________	C. bright, light; brighten, lighten
4. 理想 ______________	D. old friend
5. 练习 ______________	E. sub-zero
6. 凉快 ______________	F. leave
7. 亮 ______________	G. ideal
8. 零下 ______________	H. practice

二、选择合适的词语填空 Choose the right words and fill in the blanks.

（一） A. 老年 B. 老朋友 C. 老是 D. 离 E. 离开

1. 你不能 ____ 想着他，你也要有自己的生活。
2. 我们 ____ 这里吧，我不喜欢这个地方。
3. 越是很久（jiǔ，a long time）以前的事情，____ 人记得越清楚。
4. 现在 ____ 出发还有半小时。
5. ____ 多年不见，今日见面，有说不完的话。

（二） A. 礼物 B. 里头 C. 理想 D. 例如 E. 例子

1. 我们每个人都有自己的 ____。
2. 我们有很多不同，____ 他喜欢吃米饭，我喜欢吃面条儿。
3. 我给妈妈买了一件生日 ____。
4. 王老师讲课时常举 ____ 说明。
5. 房间 ____ 的灯还开着，他应该还没睡。

（三） A. 脸 B. 练 C. 练习 D. 凉 E. 凉快

1. 今天天气很 ____，我们出去走走吧。
2. 天气冷的时候，我们要少喝 ____ 水。
3. 你的 ____ 脏了，快去洗洗。
4. 这个节目她已经 ____ 得很熟了。
5. 他汉字写得不好，所以他每天都 ____ 写汉字。

（四） A. 两 B. 亮 C. 辆 D. 零下 E. 留

1. 我还是叫 ____ 车送你回去吧，怕你在路上不安全。
2. 这个地方的冬天非常冷，气温经常会低到 ____ 三十度。
3. 她买了二 ____ 茶叶，准备回国喝。
4. 老师今天 ____ 的作业不多，我很快就写完了。
5. 今天的月亮又大又 ____。

三、选择合适的词语完成句子 Choose the right words to complete the sentences.

1. 今天她在街上碰见了多年不见的 ____。

   A. 老年 B. 老朋友

2. 如果我们现在 ____，感觉不太合适吧。

A. 离开　　　　B. 离

3. 从这个 ____ 中我们可以学到很多知识。

A. 例如　　　　B. 例子

4. 这些 ____ 很有意思，大家做得又快又好。

A. 练　　　　B. 练习

5. 我们找一个 ____ 的地方坐坐吧。

A. 凉快　　　　B. 凉

第 19 单元　Unit 19

◎ 目标词语　Target words

361. 留下	362. 留学生	363. 流	364. 流利	365. 流行
366. 路边	367. 旅客	368. 旅行	369. 旅游	370. 绿
371. 绿色	372. 卖	373. 满	374. 满意	375. 猫
376. 米	377. 面[1]（*n./m.*）	378. 面[2]（*n.*）	379. 面前	380. 名

◎ 速记　Quick memory

361 **留下**　liúxia　leave, keep

留下电话；留不下；留得下
分开时，他给我留下了电话号码（hàomǎ，number）。
这些东西如果你觉得有用就留下吧。

362 **留学生**　liúxuéshēng　*n.*　student studying abroad

很多留学生；成为留学生
来中国学习的留学生越来越多。
很多留学生参加了学校的运动会（yùndònghuì，sports meet）。

363 **流**　liú　*v.*　flow

向东流；流出来
大河向东流。
杯子里的水太满了，都流出来了。

364 **流利**　liúlì　*adj.*　fluent

很流利；流利的普通话；不够流利
他能讲一口流利的普通话。
他来中国好几年了，中文说得非常流利。

365 **流行**　liúxíng

（1）*v.*　prevail
这种音乐流行不了太长时间。
前几年流行长头发，这几年又开始流行起短头发了。
（2）*adj.*　popular
流行色；流行音乐；非常流行
这些歌在当时非常流行。
这些观点现在已经不流行了。

366 **路边**　lù biān　wayside

路边的大树；停在路边
路边停着很多辆公交车。
她看见路边有一只猫，就停了下来。

367 **旅客** lǚkè *n.* traveler, passenger

旅客们；一位旅客
他们的服务态度让旅客们非常满意。
火车上的工作人员热情地为旅客们服务。

368 **旅行** lǚxíng *v.* travel

去旅行；喜欢旅行；长途（chángtú，long distance）旅行
她很想去旅行，但是身上的钱不够。
我们这次的旅行计划已经做好了，一放假我们就出发。

369 **旅游** lǚyóu *v.* travel, tour

出国旅游
出国旅游一定要带护照。
他们打算开车去北京旅游。

370 **绿** lǜ *adj.* green

绿树；绿地
现在是绿灯，我们可以走了。
看着蓝天、白云和绿草，她的心情变得好多了。

371 **绿色** lǜsè *n.* green

喜欢绿色；绿色的衣服
春天是绿色的。
绿色是我最喜欢的颜色。

372 **卖** mài *v.* sell

卖东西；卖不出去；卖得好
这笔怎么卖？
我们店里卖的菜非常好，你放心。

373 **满** mǎn *adj.* full

写满；装满；满分
杯子里的水快满了，别倒了。
这个教室已经坐满了学生。

374 **满意** mǎnyì *v.* be satisfied

很满意；满意的成绩；对工作很满意
她对考试成绩很满意。
大家都很满意这个结果。

375 **猫** māo *n.* cat

养猫；一只猫
他想让妈妈给他买一只猫。
我养了两只非常可爱的猫。

376 **米** mǐ *m.* meter

多少米；一米
他身高一米八三。

你跑800米要多长时间？

377 **面**[1] miàn

（1）*n.* surface

路面；桌面；地面

桌面很干净。

地面有水，开车的时候要小心。

（2）*m.* *used for flat things or times to meet somebody*

一面墙；见一面

教室的一面墙上写着几个汉字。

我们只见过几面，不太熟。

378 **面**[2] miàn *n.* noodles

面条儿；吃面；一碗面

你爱吃面吗？

我们要两碗面，再来两瓶水。

379 **面前** miànqián *n.* in front of

在我面前；在朋友面前

我们面前有好多难题。

你不应该在孩子面前说这些话。

380 **名** míng

（1）*n.* name

地名；书名；人名

听起来不错，你说一下儿书名，我也要买。

你写一下儿人名、工作单位和电话，我给他送过去。

（2）*m.* *used for people*

一名教师；两名学生

我的梦想是成为一名中文教师。

你们班现在有多少名学生？

◎ 速练 Quick practice

一、先根据词语写拼音，再将词语和正确的英文释义连起来

Write Pinyin according to the words, and then match the words with the correct English definitions.

1. 留学生 ________	A. green
2. 流利 ________	B. be satisfied
3. 路边 ________	C. student studying abroad
4. 旅客 ________	D. travel, tour
5. 旅游 ________	E. wayside
6. 绿色 ________	F. fluent
7. 满意 ________	G. traveler, passenger
8. 面前 ________	H. in front of

二、选择合适的词语填空　Choose the right words and fill in the blanks.

（一）　A. 留下　B. 留学生　C. 流　D. 流利　E. 旅行

1. 人往高处（chù，place）走，水往低处 ____。
2. 多练习能够让你的中文说得更 ____。
3. 她走前给你 ____ 了一封信。
4. 人的一生就像一场 ____，你会碰见很多人、很多事。
5. 我们学校的 ____ 虽然来自不同的国家，但大家在一起生活得很开心。

（二）　A. 路边　B. 旅客　C. 流行　D. 旅游　E. 卖

1. 今年，这种颜色的衣服还挺 ____ 的。
2. 这几年，越来越多的人假期出门旅行，____ 公司都发展（fāzhǎn，develop）得很好。
3. 她看见 ____ 有一只猫，就停了下来。
4. 我以前在这家店 ____ 过衣服，现在已经换工作了。
5. ____ 朋友们，我们到站下车了。

（三）　A. 绿　B. 绿色　C. 满　D. 面　E. 猫

1. 书包里装 ____ 了书。
2. 花的颜色很多，有红的、黄的，还有 ____ 的。
3. 一只 ____ 在桌子下睡觉。
4. 看到满地 ____ 的小草，我们就知道春天来了。
5. 教室的一 ____ 墙上挂着一张中国地图。

（四）　A. 米　B. 面　C. 满意　D. 面前　E. 名

1. 现在雨太大了，教室里还有三 ____ 学生没有回家。
2. 他常来这家面馆吃 ____。
3. 他明天要参加 3000 ____ 长跑（chángpǎo，long-distance run）。
4. 知识 ____ 人人平等。
5. 经理对大家点点头，表示 ____。

三、选择合适的词语完成句子 Choose the right words to complete the sentences.

1. 虽然他是外国人，但是他能讲一口 ____ 的普通话。

A. 流利　　B. 顺利

2. 这次的长途 ____，你们感觉怎么样？

A. 旅行　　B. 旅游

3. 我们知道他有一辆 ____ 的汽车。

A. 绿　　B. 绿色

4. 如果您对买的东西不 ____，可以换的。

A. 流利　　B. 满意

5. 我们两个人都很忙，一个月也见不上一 ____。

A. 遍　　B. 面

第 20 单元　Unit 20

◎ 目标词语　Target words

381. 名称	382. 名单	383. 明星	384. 目的	385. 拿出
386. 拿到	387. 那	388. 那会儿	389. 那么	390. 那时候丨那时
391. 那样	392. 南方	393. 难过	394. 难看	395. 难受
396. 难题	397. 难听	398. 能够	399. 年级	400. 年轻

◎ 速记　Quick memory

381 **名称**　míngchēng　*n.*　name (of a thing or organization)

单位名称；改变名称
请在这张表上写上单位名称。
这家公司的名称改了很多年了。

382 **名单**　míngdān　*n.*　name list

名单上；这份名单；写进名单
这个名单上有你的名字吗？
我刚刚看了名单，你的名字正好在我前边。

383 **明星**　míngxīng　*n.*　star

一位明星；成为明星；当明星
现在很多年轻人都想成为明星。
他是很多年轻人都喜欢的篮球明星。

384 **目的**　mùdì　*n.*　purpose, aim, goal

考试的目的
他达到（dá//dào，achieve）了他的目的。
你觉得她这样做，有什么目的呢？

385 **拿出**　náchū　take out

拿出手机；拿得出；拿不出
他拿出手机，看了一下儿时间。
请大家拿出课本，我们开始上课。

386 **拿到**　nádào　get

拿到成绩；拿得到；拿不到
我们等了一个月才拿到了结果。
我们什么时候可以拿到考试分数呢？

387 **那**　nà　*conj.*　then

你如果想跟我们一起去，那就走快点儿。

你如果想弄清楚事情的经过，那就跟我来吧。

388 **那会儿** nàhuìr *pron.* at that time

你比刚来中国那会儿瘦（shòu，thin）了不少。
那会儿我们还是学生，太年轻了。
那会儿发生的事情，我现在已经记不清楚了。

389 **那么** nàme *pron.* so; in that way

那么可爱；那么流利；那么说
他的中文说得那么流利，是怎么学的？
你就那么跟她说，错不了。

390 **那时候 | 那时** nà shíhou | nà shí at that time

那时候的她，个子小小的，瘦瘦的。
从那时开始，她就像变了一个人。

391 **那样** nàyàng *pron.* like that; so

那样的事情；那样漂亮
我相信他不是那样的人。
她年轻时那样漂亮，喜欢她的人很多。

392 **南方** nánfāng *n.* south

南方菜；去南方
我是南方人，他是北方人。
我听说南方有很多好吃的，我们放假去玩儿吧。
我们打算以后住在南方，因为感觉那里空气很好。

393 **难过** nánguò *adj.* sorry, sad

难过地哭；感到难过
没有朋友是一件很难过的事情。
这次考试没有考好，你心里难过吗？

394 **难看** nánkàn *adj.* ugly, (of look or expression) unpleasant

样子难看；长得难看
这么穿我觉得有点儿难看。
爸爸今天心情不好，脸色（liǎnsè，facial expression）有点儿难看。

395 **难受** nánshòu *adj.* unwell, uncomfortable

心里难受；难受得想哭；难受的样子
没能考上理想的大学，他觉得非常难受。
你昨天晚上喝了那么多酒，现在不觉得难受吗？

396 **难题** nántí *n.* difficult problem

一道难题；碰到难题；做难题
他这么做，真是给我出了一道难题啊。
生活中，不同的难题有不同的方法。

397 **难听** nántīng *adj.* unpleasant to hear

难听的声音；难听的话；觉得难听
刚才是什么声音？好难听啊。
他一生气，说话就特别难听。

398 **能够** nénggòu *v.* can, be able to

能够完成；能够做到
我们真的能够相信他吗？大家认识的时间也不长。
他说话声音太大了，我在房间里都能够听见他的声音。

399 **年级** niánjí *n.* grade

低年级；高年级；大学一年级；哪个年级
你的孩子今年上几年级了？
我们年级有130个女生，150个男生。

400 **年轻** niánqīng *adj.* young

年轻人；长得年轻
她年轻的时候特别漂亮。
你还年轻，以后的路长着呢。

◎ 速练 Quick practice

一、先根据词语写拼音，再将词语和正确的英文释义连起来

Write Pinyin according to the words, and then match the words with the correct English definitions.

1. 名称 ______	A. south
2. 目的 ______	B. at that time
3. 拿出 ______	C. name (of a thing or organization)
4. 那会儿 ______	D. grade
5. 南方 ______	E. take out
6. 难看 ______	F. difficult problem
7. 难题 ______	G. purpose, aim, goal
8. 年级 ______	H. ugly, (of look or expression) unpleasant

二、选择合适的词语填空 Choose the right words and fill in the blanks.

（一） A. 名称 B. 名单 C. 明星 D. 目的 E. 那样

1. 我相信你以后一定会成为大 ____ 的，加油！
2. 我来中国的 ____ 是学好中文。

3. 可以换一个 ____ 吗？我感觉这个不是很合适。

4. 你如果真的想 ____ 做，我也没有办法。

5. 不知道为什么，有几个重要的人没有出现在 ____ 里面。

（二） A. 南方 B. 拿到 C. 那 D. 那时 E. 那么

1. 到 ____，你就会知道这门课有多难了。

2. 我们冬天一起去 ____ 吧。

3. 如果你也喜欢这个电影，____ 我们一起去电影院看吧。

4. 他 ____ 了昨天身体检查的结果。

5. 你如果 ____ 想出去工作，那就先试试吧。

（三） A. 拿出 B. 那会儿 C. 能够 D. 年级 E. 年轻

1. 上完小学六 ____，他就要上中学了。

2. 这个电影受到很多 ____ 人的欢迎。

3. 他 ____ 手机打开地图，告诉我怎么走可以到银行。

4. 今天我们这么多朋友 ____ 在一起吃饭，我真的很开心！

5. 我和她是小学同学。____ 她爱哭，但是现在她特别爱笑。

（四） A. 难过 B. 难看 C. 难受 D. 难题 E. 难听

1. 如果你觉得 ____，那我们就去医院看看吧。

2. 没想到发生了这样的事情，我们感到很 ____。

3. 不好意思，我这样说可能有点儿 ____，但是真的是为你好。

4. 今天老板的脸色有点儿 ____。

5. 工作中总会出现各种各样的 ____。

三、选择合适的词语完成句子 Choose the right words to complete the sentences.

1. 他从书包里 ____ 了笔记本，开始认真听讲。

A. 拿出 B. 拿到

2. 上八年级 ____，我交了很多朋友。

A. 那会儿 B. 一会儿

3. 他都着急成 ____ 了，你还不告诉他吗？

A. 那么 B. 那样

4. 我为那个孩子感到 ____，这么小就没有家人了。

A. 难过　　　　B. 难看

5. 我感觉这音乐有点儿 ____，关了吧，或者换别的。

A. 难受　　　　B. 难听

第 21 单元　Unit 21

◎ 目标词语　Target words

401. 鸟	402. 弄	403. 努力	404. 爬	405. 爬山
406. 怕	407. 排	408. 排队	409. 排球	410. 碰
411. 碰到	412. 碰见	413. 篇	414. 便宜	415. 片
416. 漂亮	417. 平	418. 平安	419. 平常	420. 平等

◎ 速记　Quick memory

401 **鸟**　niǎo　*n.*　bird

小鸟；一只鸟；养鸟
鸟飞走了。
你听，树上的鸟在唱歌。

402 **弄**　nòng　*v.*　do, manage, handle

弄完；弄明白
他的衣服弄脏了。
这个菜我不会做，你来弄吧。

403 **努力**　nǔlì　*adj.*　hard-working

努力的学生；努力工作
他工作很努力。
只要你努力学习，就能实现你的理想。

404 **爬**　pá　*v.*　climb

爬楼；爬得慢；往上爬
这座山很难爬。
小时候，我喜欢爬树，而且爬得很快。

405 **爬山**　pá shān　climb a mountain

去爬山；爬爬山
周末我们一起去爬山吧。
读书就像爬山，爬得越高，看得越远。

406 **怕**　pà　*v.*　fear, feel anxious; I'm afraid (that)

怕黑；怕水；怕你生病
他天不怕地不怕，什么都不怕。
这件事太难，我怕他做不好。
如果再不想办法，我怕会出大问题。

407 **排**　pái

（1）*n.*　row, line

前排；后排
照相时，我们站在前排。
看电影我喜欢坐后排的座位。
（2）*m.* row, line
一排树；一排椅子；一排排路灯（lùdēng， street lamp）
教室里有三排桌椅。
我前边有一排长队。

408 **排队** pái//duì line up

排队买票；排成一队
大家都在排队买音乐会的门票。
同学们在体育馆里排好了队。

409 **排球** páiqiú *n.* volleyball

排球队；打排球；排球场
他排球打得很不错。
我们学校有一个排球场。

410 **碰** pèng *v.* touch, bump

碰了一下儿；碰坏了；碰个杯
别随便碰别人的东西。
头不小心碰在门上了。

411 **碰到** pèngdào run into, meet

碰到问题；碰到困难
如果你碰到问题，可以随时找我。
昨天我在街上碰到了一个十年没见的老同学。

412 **碰见** pèng//jiàn run into, meet

碰见过一回；碰见老朋友；碰得见；碰不见
我在图书馆碰见她了。
你知道我刚刚碰见谁了吗？

413 **篇** piān *m.* piece of writing

一篇课文；一篇新闻
这篇作文写得太好了。
这本书一共有十五篇课文。

414 **便宜** piányi

（1）*adj.* cheap, inexpensive
卖得很便宜；便宜的书；东西便宜
这水果不便宜。
太贵了，便宜一点儿吧。
（2）*n.* unmerited gains
不要去占别人的便宜。

415 **片** piàn *m.* slice, flake; flat, thin piece

一片面包；一片草地

早上我吃了两片面包和一个鸡蛋。
下雪了，看，白色的雪花一片片地落在了地上。

416 **漂亮** piàoliang *adj.* good-looking

漂亮的女生；做得漂亮
女孩子都爱漂亮。
她每天都穿得漂漂亮亮的。

417 **平** píng *adj.* flat

地面不平；放平
这条路高低不平，不好走。
这个桌面不平，写字不方便。

418 **平安** píng'ān *adj.* safe and sound

平安回家；平平安安
一路平安！
我已经平安到家了。

419 **平常** píngcháng

（1）*n.* normal times, usual days
她平常很少看电影。
平常我骑自行车上班。
（2）*adj.* ordinary, common
平常心；平常人
这件衣服很平常，没什么特别的。
过日子平平常常才是真。

420 **平等** píngděng *adj.* equal

男女平等；平等的机会；真正的平等
生活面前人人平等。
机会对每个人都是平等的。

◎ 速练 Quick practice

一、先根据词语写拼音，再将词语和正确的英文释义连起来

Write Pinyin according to the words, and then match the words with the correct English definitions.

1. 平等 ________	A. cheap, inexpensive; unmerited gains
2. 漂亮 ________	B. safe and sound
3. 便宜 ________	C. hard-working
4. 碰 ________	D. do, manage, handle
5. 努力 ________	E. equal
6. 弄 ________	F. touch, bump
7. 平安 ________	G. fear, feel anxious; I'm afraid (that)
8. 怕 ________	H. good-looking

二、选择合适的词语填空 Choose the right words and fill in the blanks.

（一） A. 鸟 B. 弄 C. 努力 D. 爬 E. 爬山

1. 她是一个很 ____ 的学生。
2. 学校旁边有一座山，周末我们一起去 ____，好吗？
3. 这个孩子九个月大，在地上 ____ 来 ____ 去。
4. 树上站着一只 ____。
5. 小明吃饭的时候不小心 ____ 脏了衣服。

（二） A. 怕 B. 排 C. 排队 D. 排球 E. 碰

1. 妈妈 ____ 我生病，让我多穿点儿衣服。
2. 一起为我们的友情（yǒuqíng，friendship）____ 个杯吧。
3. 那里有一 ____ 黄色的椅子。
4. 医院里，很多人在 ____ 拿药。
5. 他是一个很有名的 ____ 运动员。

（三） A. 碰到 B. 碰见 C. 篇 D. 便宜 E. 片

1. 这本书不 ____。
2. 她的手 ____ 了我的头。
3. 昨天我在图书馆 ____ 了我的小学同学。
4. 这种药一天吃两次，一次两 ____，饭后吃。
5. 今天我们学习第三 ____ 课文。

（四） A. 漂亮 B. 平 C. 平安 D. 平常 E. 平等

1. 我已经 ____ 到家了，放心吧。
2. 这张桌子没放 ____。
3. 她是一个人见人爱的 ____ 女孩儿。
4. 所有的人生来都是 ____ 的。
5. 她怎么了？说话、做事和 ____ 不一样。

三、选择合适的词语完成句子 Choose the right words to complete the sentences.

1. 她喜欢安静，____ 很少运动。

   A. 平常 B. 平等

2. 你这么 ____，一定可以考上理想的大学。

A. 努力　　B. 漂亮

3. 我每天早上喝一瓶牛奶，吃两 ____ 面包。

A. 篇　　B. 片

4. 早上我在家门口 ____ 了我的老师。

A. 碰　　B. 碰见

5. 我坐在教室的前 ____。

A. 排　　B. 排队

第 22 单元 Unit 22

◎ 目标词语 Target words

421. 平时	422. 瓶	423. 瓶子	424. 普通	425. 普通话
426. 其他	427. 其中	428. 骑	429. 骑车	430. 起飞
431. 气	432. 气温	433. 千	434. 千克	435. 前年
436. 墙	437. 青年	438. 青少年	439. 轻	440. 清楚

◎ 速记 Quick memory

421 **平时** píngshí *n.* ordinary times

平时的练习；和平时一样
小王平时经常运动，所以很少生病。
平时努力学习，考试才会有好成绩。

422 **瓶** píng

（1）*n.* bottle, vase, jar, flask
花瓶；酒瓶；水瓶
瓶里装满了水。
（2）*m.* the quantity contained in a bottle, vase, jar or flask
一瓶水；两瓶牛奶
天气很热，我每天要喝五瓶水。
早上我只喝了一瓶牛奶，现在有一点儿饿。

423 **瓶子** píngzi *n.* bottle

一个瓶子；大瓶子
瓶子里还有水吗？
他打开酒瓶子，喝完了里面的酒。

424 **普通** pǔtōng *adj.* common

普通人；样子普通；普通的生活
我们大多数人都是普通人，要靠自己的努力生活。
她长得普普通通的，没什么特别的。

425 **普通话** pǔtōnghuà *n.* Mandarin

说普通话；讲普通话
学习中文，最重要的是要学会说普通话。
她学习中文五年了，普通话说得特别好。

426 **其他** qítā *pron.* other

其他事情；其他问题
小王，怎么就你自己，其他人呢？

先说重要的事情，其他的以后再说。

427 **其中** qízhōng *n.* among them

其中一个
我们班有20个学生，其中8个是男生。
学校足球队有20名队员，李明是其中水平最好的。

428 **骑** qí *v.* ride (an animal, a bicycle, etc.)

骑马；骑自行车；骑走了
你会骑马吧？骑得怎么样？
这辆自行车太高了，我骑不上去。

429 **骑车** qí chē ride a bike

骑车回家；骑车上班
他已经骑着车回家了。
我家离公司很近，我每天骑车上班。

430 **起飞** qǐfēi *v.* take off

飞机起飞；就要起飞了
飞往北京的飞机已经起飞了。
飞机从西安起飞，两个小时后到上海。

431 **气** qì

（1）*v.* get angry, be annoyed
气哭了；气人；气气他
你别气我了！
我就是故意气他一下儿。
（2）*n.* gas; air; breath
煤气（méiqì，coal gas）；透气（tòu//qì，ventilate）；一口气
跑完5000米，他累得上气不接下气（be out of breath）。

432 **气温** qìwēn *n.* air temperature

气温低；最高气温
今天的最高气温有40度。
夏天来了，气温越来越高。

433 **千** qiān *nu.* thousand

一千；两千多
成千上万的鸟在天空中飞。
他用一个小时写出了一篇一千字的作文。

434 **千克** qiānkè *m.* kilogram

一千克；重三千克；两千克的米
一千克是两斤。
一千克就是一公斤。

435 **前年** qiánnián *n.* the year before last

前年的今天，我成了一名大学生。

我是前年八月来北京的，然后一直在这里生活。

436 **墙** qiáng *n.* wall

一面墙；墙上；白色的墙
这个房间的四面墙上都画着画儿。
医院的墙上写着一个大大的"静"。

437 **青年** qīngnián *n.* youth

青年人；好青年；青年教师；中国青年
他是一名青年教师。
现在，有越来越多的外国青年来中国学习中文。

438 **青少年** qīng-shàonián *n.* teenagers

青少年活动中心；关心青少年
青少年就像早晨八九点钟的太阳。
青少年要多读书，从书中学习知识。

439 **轻** qīng *adj.* light; gentle

比较轻；轻拿轻放；轻手轻脚
油比水轻。
爷爷在睡觉，你走路轻一点儿。

440 **清楚** qīngchu *adj.* clear

想清楚；写得很清楚
这件事情一句两句说不清楚。
我坐在前排，黑板上的字看得清清楚楚。

◎ 速练　Quick practice

一、先根据词语写拼音，再将词语和正确的英文释义连起来
Write Pinyin according to the words, and then match the words with the correct English definitions.

1. 青年 ________________	A. light; gentle
2. 清楚 ________________	B. common
3. 平时 ________________	C. take off
4. 起飞 ________________	D. among them
5. 轻 ________________	E. clear
6. 其中 ________________	F. ordinary times
7. 其他 ________________	G. youth
8. 普通 ________________	H. other

二、选择合适的词语填空 Choose the right words and fill in the blanks.

（一） A. 平时 B. 瓶 C. 瓶子 D. 普通 E. 普通话

1. 这个东西很 ____，一点儿也不特别。
2. 学校里大家都讲 ____。
3. 他今天和 ____ 不一样，一直不怎么说话。
4. 我们有六个人，三 ____ 水不够喝。
5. 你刚买的花可以放进这个装了水的 ____ 里。

（二） A. 其中 B. 其他 C. 骑 D. 骑车 E. 起飞

1. 春节的时候，家里包了很多饺子，____ 有三十个是我包的。
2. 平时你怎么去上班？ ____ 还是开车？
3. 你还有 ____ 事情需要我们做吗？
4. 飞机马上就要 ____ 了。
5. 你自行车 ____ 得怎么样？

（三） A. 气 B. 气温 C. 千 D. 青年 E. 前年

1. 现在南方的 ____ 比北方高几度。
2. 我一口气跑了两 ____ 米，但是一点儿也不累。
3. 我 ____ 参加了 HSK 五级考试，去年参加了 HSK 六级考试。
4. 小红 ____ 得哭着跑出了教室。
5. 在这儿，来自不同国家的 ____ 一起学习中文。

（四） A. 墙 B. 千克 C. 青少年 D. 轻 E. 清楚

1. 教室的 ____ 是白色的。
2. 一公斤就是一 ____。
3. 国家非常关心 ____ 的教育问题。
4. 我没听 ____，你可以再说一遍吗？
5. 这东西一点儿也不重，很 ____。

三、选择合适的词语完成句子 Choose the right words to complete the sentences.

1. 十个一百是一 ____，十个一 ____ 是一万。

   A. 百 B. 千

2. 他出生在一个很不 ____ 的家庭。

A. 平常　　　B. 平时

3. 年轻人要 ____ 地知道自己想做什么，要为自己的理想努力。

A. 清楚　　　B. 明白

4. 我家有一个花园，那里有许多花，____ 我最喜欢玫瑰（méigui，rose）。

A. 其他　　　B. 其中

5. 箱子有 ____ 有重。你个子小，就拿 ____ 的吧。

A. 小　　　B. 轻

第 23 单元　Unit 23

◎ 目标词语　Target words

441. 晴	442. 晴天	443. 请客	444. 请求	445. 秋天
446. 求	447. 球场	448. 球队	449. 球鞋	450. 取
451. 取得	452. 全	453. 全部	454. 全国	455. 全家
456. 全年	457. 全身	458. 全体	459. 然后	460. 让

◎ 速记　Quick memory

441 **晴**　qíng　*adj.*　sunny

晴天；雨过天晴
天晴了！
明天白天，晴，气温 23 ~ 26 度。

442 **晴天**　qíngtiān　*n.*　sunny day

大晴天；一个晴天
明天是个大晴天，我们一起去爬山吧！
夏天这儿经常下雨，很少有晴天。

443 **请客**　qǐng//kè　entertain somebody

请客吃饭；请一次客
我以为他要请客，结果不是。
大家如果有空儿，我们一起去看电影吧。我请客。

444 **请求**　qǐngqiú

（1）*v.*　ask, request
请求过经理；请求你一件事
她请求参加这次的活动。
碰到问题，可以请求别人帮助。
（2）*n.*　request
接受请求；提出请求；一个请求
我有一个请求，你能答应吗？
老师同意了同学们的请求。

445 **秋天**　qiūtiān　*n.*　autumn

去年秋天；秋天的风
秋天来了，天凉了。
前年秋天，我和朋友一起去北京了。

446 **求**　qiú　*v.*　beg

求您帮个忙
万事不求人，求人不如求己。

这件事情你求谁也没用。

447 **球场** qiúchǎng *n.* ground or court where ball games are played

学校的球场；球场上
球场上，学生们在打排球。
我们学校有两个球场，一个打排球，一个打篮球。

448 **球队** qiúduì *n.* (ball game) team

有名的球队；一支球队
我们球队每周举行一次活动。
有20个同学参加了学校的球队。

449 **球鞋** qiúxié *n.* gym shoes

白球鞋；一双球鞋；穿球鞋；买球鞋
雨天别穿白色的球鞋，很容易弄脏。
生日的时候，妈妈送给我一双新球鞋。

450 **取** qǔ *v.* take, get

取钱；取自行车；取回来
今天下午我要去银行取钱。
打球的时候，手表最好取下来放好。

451 **取得** qǔdé *v.* acquire, gain

取得好成绩
努力不一定能取得好成绩，但不努力一定不会取得好成绩。

452 **全** quán

（1）*adv.* entirely, completely
全新
生词我全记住了。
春节的时候，我们一家人全去北京了。
（2）*adj.* whole, complete
全家；全班；全国
全班都在为她加油。
这个书店的书很全。

453 **全部** quánbù *n.* whole, all

全部时间；全部问题
音乐是我的全部。
你做的菜太好吃了，我们全部吃完了。

454 **全国** quánguó *n.* whole nation

走遍全国
她的故事感动了全国。
他参加了今年的全国运动会。

455 **全家** quánjiā *n.* whole family

全家人；全家老小

他们全家人都是教师。
星期天，我们全家去公园玩儿了。

456 **全年** quánnián *n.* whole year

我们家全年收入有20万。
他工作太忙了，全年都没有休息。

457 **全身** quánshēn *n.* all over the body

全身上下
这只猫全身像雪一样白。
他每年都要进行一次全身检查。

458 **全体** quántǐ *n.* all

全体同学；全体老师
全体同学都参加了昨天的考试。
音乐会的最后是全体学生一起唱歌。

459 **然后** ránhòu *conj.* then

我们先去学校，然后再吃饭。
我们写完作业，然后就去体育馆运动了。

460 **让** ràng

（1）*v.* let, allow; yield, give way
经理不让我去，我也没办法。
哥哥一直让着弟弟，好吃的、好玩儿的都给弟弟。
（2）*prep.* *used in a passive sentence to introduce the doer of an action*
这件事让你说对了。
她让男朋友给气哭了。

◎ 速练 Quick practice

一、先根据词语写拼音，再将词语和正确的英文释义连起来
Write Pinyin according to the words, and then match the words with the correct English definitions.

1. 求 ____________	A. beg
2. 让 ____________	B. then
3. 取得 __________	C. all over the body
4. 全体 __________	D. let, allow; yield, give way; *used in a passive sentence to introduce the doer of an action*
5. 晴天 __________	E. sunny day
6. 然后 __________	F. ask, request; request
7. 全身 __________	G. acquire, gain
8. 请求 __________	H. all

二、选择合适的词语填空　Choose the right words and fill in the blanks.

（一）　A. 晴　B. 球队　C. 请客　D. 请求　E. 秋天

1. 小王喜欢打篮球，他参加了学校的 ____。
2. 夏天太热了，我更喜欢 ____。
3. 妈妈心情很好，马上答应了我的 ____。
4. 下了几天雨后，今天天 ____ 了。
5. 今天我 ____，大家都要来啊！

（二）　A. 球场　B. 晴天　C. 球鞋　D. 取　E. 取得

1. 我们应该向 ____ 好成绩的同学学习。
2. 明天 ____，我们去爬山吧。
3. 她大部分的时间都在 ____ 练习打球。
4. 你可以帮我去书店 ____ 本书吗？
5. 今天学校开运动会，他穿了一双白色的 ____。

（三）　A. 全　B. 全部　C. 全国　D. 全家　E. 求

1. ____ 你帮个忙，好吗？
2. 今天学的 ____ 生词我都记住了。
3. 这是一件 ____ 新的衣服。
4. 这家公司在 ____ 也是数一数二的大公司。
5. 这只狗非常可爱，我们 ____ 都很喜欢它。

（四）　A. 全年　B. 全体　C. 全身　D. 然后　E. 让

1. 这条小狗 ____ 都是白色的。
2. 这里 ____ 无雪，夏天温度很高。
3. 他的东西从来不 ____ 别人随便碰。
4. ____ 同学请注意（zhù//yì，pay attention to），我们的晚会马上就要开始了。
5. 老师上新课时，一般都是先讲生词，____ 讲课文。

三、选择合适的词语完成句子　Choose the right words to complete the sentences.

1. 他离开前向公司提出了一个 ____。

　A. 请客　B. 请求

2. 不知道事情的 ____，就不要随便说出自己的看法。

A. 全部　　B. 全体

3. ____ 同学都要参加。

A. 全　　B. 全体

4. 老师教育我们在学习上要想 ____ 好成绩，就一定要努力。

A. 取　　B. 取得

5. 我们首先（shǒuxiān，first of all）要学会做人，____ 再学会做事。

A. 然后　　B. 但是

第24单元　Unit 24

◎ 目标词语　Target words

461. 热情	462. 人口	463. 人们	464. 人数	465. 认为
466. 日报	467. 日子	468. 如果	469. 入口	470. 商量
471. 商人	472. 上周	473. 少数	474. 少年	475. 身边
476. 什么样	477. 生	478. 生词	479. 生活	480. 声音

◎ 速记　Quick memory

461 **热情**　rèqíng

（1）*n.*　enthusiasm
学习热情；有热情
他对工作很有热情。
他的爱国（ài//guó，love one's country）热情让大家都很感动。
（2）*adj.*　enthusiastic
热情的主人；非常热情
家里来客人了，妈妈对他们很热情。
她是一个热情的人，和她一起说话很开心。

462 **人口**　rénkǒu　*n.*　population

人口多；总人口
这个国家虽小，但人口很多。
中国是一个有14亿人口的国家。

463 **人们**　rénmen　*n.*　people

广场上的人们；受到人们的欢迎
现在人们的生活水平提高了。
人们常说："活到老，学到老。"

464 **人数**　rénshù　*n.*　number of people

学生人数；人数不多；总人数
每个班的学生人数不超过30人。
这个学校的男生人数和女生人数一样。

465 **认为**　rènwéi　*v.*　think, consider

认为重要；一直认为
我们都认为教育很重要。
我认为他说的不是真的。

466 **日报**　rìbào　*n.*　daily newspaper

《北京日报》；《工人日报》
我每天早上起床后第一件事就是看《中国日报》。

467 **日子** rìzi *n.* day; life

好日子；重要的日子；过日子；一段日子
今天真是个好日子！
孩子们都工作了，她们家的日子慢慢好起来了。

468 **如果** rúguǒ *conj.* if

你如果有什么问题，就打电话找我。
如果你去药店，能不能帮我带一瓶眼药水？

469 **入口** rùkǒu *n.* entrance

超市入口；找到入口
我在超市入口等你。
这个停车场有两个入口、两个出口。

470 **商量** shāngliang *v.* consult

商量一下儿；一起商量；商量事情
如果有什么事情，我们可以一起商量。
吃饭的时候，他和朋友商量了半天。

471 **商人** shāngrén *n.* businessman

一个商人；小商人；中国商人
她教外国商人说中文。
他出生在一个商人家庭。

472 **上周** shàng zhōu last week

上周的天气；上周的新闻
他上周就来北京了。
从上周开始，这里一直在下雨。

473 **少数** shǎoshù *n.* minority

少数人；少数学校
有这样想法的人不在少数。
有少数几个同学没有参加昨天的考试。

474 **少年** shàonián *n.* juvenile

一位少年；少年作家
这位外国少年中文说得很流利。
成为一名科学家是这个少年的理想。

475 **身边** shēnbiān *n.* at or by one's side

站在身边；他的身边
她离开前，把全家人叫到了身边。
孩子走进来，坐在了妈妈的身边。

476 **什么样** shénmeyàng *pron.* what kind

什么样的人；长什么样
她长什么样我已经忘记了。

你要买什么样的衣服？我可以帮你找找。

477 **生** shēng *v.* give birth to; breed, bear, cause

生孩子；生病；生气
他姐姐昨天晚上生了一个男孩儿。
去年他生了一场大病。

478 **生词** shēngcí *n.* new word

记生词；学习生词；听写生词
每天记生词对学好中文很重要。
这本书的每篇课文后都有十几个生词。

479 **生活** shēnghuó

（1）*n.* life
生活水平；现在的生活；普通的生活
我很喜欢在中国的生活。
我的老师很关心我的生活。
（2）*v.* live
在中国生活；快乐地生活
我和爸爸妈妈生活在一起。
我一个人在北京生活了三年。

480 **声音** shēngyīn *n.* sound, voice

声音大；好听的声音；你的声音
你唱歌的声音很好听。
你可以大点儿声音吗？我听不见。

◎ 速练 Quick practice

一、先根据词语写拼音，再将词语和正确的英文释义连起来

Write Pinyin according to the words, and then match the words with the correct English definitions.

1. 如果 ________________	A. last week
2. 商量 ________________	B. what kind
3. 什么样 ______________	C. population
4. 热情 ________________	D. minority
5. 上周 ________________	E. consult
6. 人口 ________________	F. if
7. 认为 ________________	G. enthusiasm; enthusiastic
8. 少数 ________________	H. think, consider

二、选择合适的词语填空 Choose the right words and fill in the blanks.

（一） A. 热情 B. 人口 C. 人们 D. 人数 E. 认为

1. 今天 ____ 的生活有了很大的改变。
2. 王医生对病人很 ____，大家都很喜欢他。
3. 这个学校每个班的 ____ 不超过 40。
4. 中国的 ____ 比我们国家多。
5. 我们一直 ____ 他是一个好少年。

（二） A. 日报 B. 日子 C. 商人 D. 入口 E. 商量

1. 和家长 ____ 后，她答应参加比赛。
2. 不是每个人都有读《北京 ____》的习惯。
3. 请问，这里只有一个 ____ 吗？
4. 在一些国家，12 月 25 日是一个非常重要的 ____。
5. 他是一名中国 ____。

（三） A. 如果 B. 上周 C. 少数 D. 少年 E. 身边

1. ____ 我参加了英语考试。
2. ____ 明天下雨，你们就不要出门了。
3. 这个老人一个人生活，____ 没有儿女（érnǚ，sons and daughters）。
4. ____ 儿童都很喜欢这本书。
5. 放假了，学校只有 ____ 人没有回家。

（四） A. 什么样 B. 生 C. 生词 D. 生活 E. 声音

1. 我小时候在中国 ____ 过好几年，所以我会说中文。
2. 你别 ____ 我的气了，好吗？
3. 你喜欢 ____ 的生日礼物？我送给你。
4. 广场上人很多，我听不到你说话的 ____，你能大点儿声吗？
5. 今天上课要听写 ____ 吗？

三、选择合适的词语完成句子 Choose the right words to complete the sentences.

1. 那个有很多人排队的地方就是公园的 ____。

 A. 人口 B. 入口

2. 我不 ____ 朋友越多越好，有几个真正的好朋友就够了。

   A. 认为　　B. 感到

3. ____ 没有你的帮助，我是不会取得好成绩的。

   A. 如果　　B. 虽然

4. 她是我最好的朋友，很多事情我都会和她一起 ____。

   A. 告诉　　B. 商量

5. 那时，只有（zhǐyǒu，only）____ 年轻人愿意回到家乡（jiāxiāng，hometown）工作，很多人愿意留在大城市。

   A. 少数　　B. 多数

第 25 单元　Unit 25

◎ 目标词语　Target words

481. 省1（*n.*）	482. 省2（*v.*）	483. 十分	484. 实际	485. 实习
486. 实现	487. 实在（shízài，*adv.*）		488. 实在（shízai，*adj.*）	
489. 食物	490. 使用	491. 市	492. 市长	493. 事情
494. 收	495. 收到	496. 收入	497. 手表	498. 受到
499. 舒服	500. 熟			

◎ 速记　Quick memory

481 **省 1**　shěng　*n.*　province

湖北省；河北省；山东省；全省
武汉是湖北省的省会（shěnghuì，provincial capital）。
全省有好几十所大学。

482 **省 2**　shěng　*v.*　save; reduce, omit

省时间；省下一点儿钱；省事
我每天骑车上下班，一个月可以省下不少钱。
这样做可以省很多事。

483 **十分**　shífēn　*adv.*　very, extremely

十分难过；十分高兴；十分满意
两人见面后十分开心。
国家十分关心青少年的健康问题。

484 **实际**　shíjì

（1）*n.*　reality
从实际出发；实际上
他看起来是一个好人，实际上做了很多坏事。
我以为会有 30 名学生，实际只有 20 名。
（2）*adj.*　real, actual
实际的水平；实际的例子
这次没考好，这不是他实际的水平。
你能举一个实际的例子说明一下儿吗？

485 **实习**　shíxí

（1）*v.*　(of students or trainees) practice (what has been taught in class)
在医院实习；去实习；实习一年
到了大学四年级，所有学生都要去实习。
下学期我会去第一中学实习两个月。
（2）*n.*　practice work
这次实习让我学到了很多书上没有的东西。

486 **实现** shíxiàn *v.* realize

实现自己的想法；实现理想；能够实现
有人说，理想是理想，不一定能实现。
只要你一直努力，我相信你一定可以实现自己的理想。

487 **实在** shízài *adv.* really

实在不懂；实在不好意思
我实在不知道该怎么办了。
你能这么想，实在是太好了！

488 **实在** shízai *adj.* honest; solid

实在的人；说得很实在
他这个人很实在，你可以相信他。
他们的工作做得很实在。

489 **食物** shíwù *n.* food

买食物；好吃的食物；食物多
你喜欢中国的哪些食物？
人不能离开食物、水、阳光（yángguāng，sunlight）和空气。

490 **使用** shǐyòng *v.* use

使用中文；使用多年；使用说明
大部分老年人不会使用电脑。
不要长时间使用手机，对眼睛不好。

491 **市** shì *n.* city; market

本市；北京市；鸟市
我们家离市中心很远。
明天我们去花市买花吧。

492 **市长** shìzhǎng *n.* mayor

他爷爷以前是我们市的市长。
市长昨天来我们学校，受到了师生的热情欢迎。

493 **事情** shìqing *n.* thing

好事情；一件事情；做事情；事情多
他太忙了，每天都有做不完的事情。
我刚回来，还不知道家里发生了什么事情。

494 **收** shōu *v.* receive; collect

收礼物；收作业
学校今年只收了一百多名新学生。
外面的东西收进来了没有？

495 **收到** shōudào receive

收到一条短信；刚刚收到
我收到一封信，但不知道是谁写的。

生日的时候，我收到了很多礼物。

496 **收入** shōurù

（1）*v.* take in, include
收入包里
这本词典收入了很多新词语。
放学了，桌上的东西收入书包就可以回家了。
（2）*n.* income, revenue, receipts, proceeds
收入不错；家庭收入；高收入
我们家全年收入20万元。
她才刚刚参加工作，收入不高。

497 **手表** shǒubiǎo *n.* wrist watch

新手表；一块手表；买手表
我考了第一名，爸爸送给我一块新手表。
你喜欢这个颜色的手表吗？

498 **受到** shòudào be subjected to

受到欢迎；受到影响；受到教育
这本小说受到了很多青少年的欢迎。
她工作认真，受到了表扬（biǎoyáng，praise）。

499 **舒服** shūfu *adj.* comfortable

很舒服；睡得舒服；舒舒服服
这把椅子坐着很舒服。
我今天身体不舒服，没有去学校。

500 **熟** shú/shóu *adj.* cooked; familiar

熟肉；熟人
饭还没熟，再等一会儿。
我和这个男生不熟，只见过一面。

◎ 速练 Quick practice

一、先根据词语写拼音，再将词语和正确的英文释义连起来
Write Pinyin according to the words, and then match the words with the correct English definitions.

1. 十分 ________________	A. really; honest; solid
2. 实现 ________________	B. receive
3. 实在 ________________	C. reality; real, actual
4. 省 ________________	D. cooked; familiar
5. 舒服 ________________	E. realize
6. 实际 ________________	F. province; save; reduce, omit
7. 熟 ________________	G. comfortable
8. 收到 ________________	H. very, extremely

二、选择合适的词语填空　Choose the right words and fill in the blanks.

（一）　A. 省（*n.*）　B. 省（*v.*）　C. 十分　D. 实际　E. 实习

1. 妈妈经常说："花钱要有计划，能 ____ 的地方就要 ____。"
2. 做什么事情都要从 ____ 出发。
3. 全 ____ 中学生都参加了这次的考试。
4. 在第一中学 ____ 时，我见过这位老师。
5. ____ 感谢您这几天对我的帮助。

（二）　A. 实现　B. 实在（*adv.*）　C. 实在（*adj.*）　D. 食物　E. 使用

1. 如果你考了第一名，我可以 ____ 你的三个愿望（yuànwàng，wish）。
2. 现在不用出国我们也可以吃到不同国家、不同地方的 ____。
3. 她是一个 ____ 的人，不说假话。
4. 我的中文不太好，很多词还不会 ____。
5. 老师讲得太快了，我 ____ 听不懂。

（三）　A. 市　B. 市长　C. 事情　D. 收　E. 收到

1. 你有什么 ____，可以随时给我打电话。
2. 我经常去 ____ 图书馆看书。
3. 这次活动不 ____ 钱。
4. ____ 你的信我非常高兴！
5. 站在第一排，个子最高的那个人是 ____。

（四）　A. 收入　B. 手表　C. 受到　D. 舒服　E. 熟

1. 你有 ____ 吗？看看现在几点了。
2. 这个地方我很 ____，以前在这里生活过好几年。
3. 我们要让每一个孩子都 ____ 好的教育。
4. 你一个月的 ____ 有多少？
5. 你在学校吃得好吗？睡得 ____ 吗？

三、选择合适的词语完成句子　Choose the right words to complete the sentences.

1. 没有实际行动，什么 ____ 都做不好。

　A. 事情　　B. 问题

2. 家里来了客人，妈妈买了很多水果，____ 热情。

A. 有点儿　　B. 十分

3. 不要忘记你说的话，我相信你能做出 ____ 的改变。

A. 实际　　B. 实在

4. ____ 妈妈的影响，她成了一名教师。

A. 收到　　B. 受到

5. 雨停了，出来走走，感觉很 ____。

A. 舒服　　B. 清楚

第 26 单元　Unit 26

◎ 目标词语　Target words

501. 数	502. 数字	503. 水平	504. 顺利	505. 说明
506. 司机	507. 送到	508. 送给	509. 算	510. 虽然
511. 随便	512. 随时	513. 所以	514. 所有	515. 它
516. 它们	517. 太太	518. 太阳	519. 态度	520. 讨论

◎ 速记　Quick memory

501 **数**　shǔ　*v.*　count

数一数；一个一个地数；数星星；数数看
请你数一数这里有多少个人。
她才两岁，已经可以从一数到二十了。

502 **数字**　shùzì　*n.*　number

阿拉伯（Ālābó，Arabic）数字；一组数字；正确的数字
老师让我从这组数字中选一个。
很多中国人认为六和八是吉利（jílì，lucky）的数字。

503 **水平**　shuǐpíng　*n.*　level

真正的水平；高水平；提高水平；知识水平
这个班学生的中文水平有高有低。
现在人们的生活水平提高了很多。

504 **顺利**　shùnlì　*adj.*　smooth

工作顺利；进行得很顺利；顺利完成
他最近工作不太顺利，回家后话也不说。
生活不会一直都是顺顺利利的。

505 **说明**　shuōmíng

（1）*v.*　explain, illustrate
说明问题；说明原因
你可以举一个例子说明你的观点。
这只是一个数字，不能说明什么问题。
（2）*n.*　explanation
说明书；使用说明
使用前，请认真看说明书。
你可以在最后一页找到这个活动的说明。

506 **司机**　sījī　*n.*　driver

火车司机；一名司机
他是一名公交车司机。

上车后，出租车司机问我去哪儿。

507 **送到** sòngdào send to

送到学校；送到医院
孩子送到学校后，妈妈就去上班了。
我在网上买的东西明天就可以送到家里。

508 **送给** sòng gěi send; give as a present

送给老师；送给他
这本书是王老师的，请帮我送给他。
我好难过，爸爸送给我的手表不见了。

509 **算** suàn *v.* calculate

算了一下儿；算钱；算对了
你算一算这些东西一共多少钱。
你们吃饭不要算上我，晚上我有事。

510 **虽然** suīrán *conj.* though, although

他虽然来上海五年了，但还是不会说上海话。
你的病虽然好了，但是最好在家多休息几天。

511 **随便** suíbiàn *adj.* casual; do at one's will

穿得随便；随便说说；随便吃
昨天到家太晚了，我随便吃了点儿就休息了。
我就是随便问问，你不想回答也没关系。

512 **随时** suíshí *adv.* at any time

随时走；随时可以
你想来随时可以来。
天气不是很好，随时都有可能下雨。

513 **所以** suǒyǐ *conj.* so

公交车上没有座位了，所以我只能站着。
外边太冷了，所以我打算在家看看电视、听听音乐。

514 **所有** suǒyǒu *adj.* all

所有人；所有东西；所有的努力
你所有的努力我们都看见了。
所有同学都要参加明天的考试。

515 **它** tā *pron.* it

牛奶热好了，你快喝了它。
我家有只小猫，它全身雪白，十分可爱。

516 **它们** tāmen *pron.* they, them (plural of “它”)

我们家有两条狗，它们长得完全不一样。
教室里都是全新的桌子和椅子，它们都是给新同学的。

517 **太太** tàitai *n.* Mrs.; wife

王太太；我太太
我今晚要去王太太家吃饭。
这是我第一次见到他的太太。

518 **太阳** tài·yáng *n.* sun

出太阳；没有太阳；大太阳
太阳出来了，我们出去走走吧。
今天虽然有太阳，但还是感觉很冷。

519 **态度** tài·dù *n.* attitude

你的态度；改变态度；工作态度；态度好
不可以用这样的态度和你妈妈说话。
要想别人帮助你，你先要改变自己的态度。

520 **讨论** tǎolùn *v.* discuss

讨论问题；多次讨论；讨论清楚；认真讨论；一起讨论
这个问题我们已经讨论了很多次了。
我和妈妈认真讨论了去中国留学的事情。

◎ 速练 Quick practice

一、先根据词语写拼音，再将词语和正确的英文释义连起来

Write Pinyin according to the words, and then match the words with the correct English definitions.

1. 随时 ________________	A. level
2. 说明 ________________	B. discuss
3. 数 ________________	C. count
4. 顺利 ________________	D. explain, illustrate; explanation
5. 水平 ________________	E. attitude
6. 虽然 ________________	F. at any time
7. 讨论 ________________	G. though, although
8. 态度 ________________	H. smooth

二、选择合适的词语填空 Choose the right words and fill in the blanks.

（一） A. 数 B. 数字 C. 水平 D. 顺利 E. 说明

1. 那个笔记本上写满了 ____，不知道是什么意思。
2. 如果不能来上课，要和老师 ____ 原因。

3. 他 ____ 地考上了大学。

4. 小时候，我喜欢和爸爸一起 ____ 天上的星星。

5. 王老师教学 ____ 很高，同学们都喜欢上她的课。

（二）　A. 司机　B. 送到　C. 送给　D. 算　E. 虽然

1. 他身体不舒服，早餐妈妈给他 ____ 了床边。

2. 我 ____ 了一下儿，一共要 300 元钱。

3. 要上车的人很多，____ 让车上的人往里边走。

4. 他 ____ 个子小，但是篮球打得很好。

5. 这些是我们 ____ 客人的礼物。

（三）　A. 随便　B. 随时　C. 所以　D. 所有　E. 它

1. 有什么问题可以 ____ 给我打电话。

2. 虽然这件事很难，但是我们要想办法做好 ____。

3. 在我家就像在自己家一样，想吃什么 ____ 吃。

4. 今天是星期六，____ 我在家休息。

5. 天黑了，路上 ____ 的灯都亮了。

（四）　A. 它们　B. 太太　C. 太阳　D. 态度　E. 讨论

1. 青年人就像早晨八九点钟的 ____，很有活力（huólì，energy）。

2. 房间里有很多人，好像在 ____ 什么重要的问题。

3. 妈妈从北京回来了，买了很多礼物，把 ____ 送给了朋友。

4. 白 ____ 没有孩子，一个人住在这里。

5. 她的学习 ____ 很好，老师们都觉得她是个努力的学生。

三、选择合适的词语完成句子　Choose the right words to complete the sentences.

1. 我一天没吃饭，太饿了，____ 吃点儿什么都行。

　A. 随时　B. 随便

2. 你在学中文吗？这本中文书是谁 ____ 你的吗？

　A. 送给　B. 送到

3. 因为大家的努力，这次事情才会进行得这么 ____。

　A. 顺利　B. 舒服

4. 有什么问题我们都可以一起 ____。

A. 讨论　　B. 说明

5. 马上就要考试了，____ 我没有时间出去玩儿。

A. 虽然　　B. 所以

第 27 单元　Unit 27

◎ 目标词语　Target words

521. 套	522. 特别	523. 特点	524. 疼	525. 提
526. 提出	527. 提到	528. 提高	529. 题	530. 体育
531. 体育场	532. 体育馆	533. 天上	534. 条	535. 条件
536. 听讲	537. 听说	538. 停	539. 停车	540. 停车场

◎ 速记　Quick memory

521 **套**　tào　*m.*　set, suit (*a measure word for clothes, books, furniture, rooms, methods, etc.*)

一套衣服；一套书；一套方法
谢谢你送给我这套书，我很喜欢。
工作三年后，她自己买了一套新房子。

522 **特别**　tèbié

(1) *adj.*　special
特别的爱好；特别的味道；样子特别
这种花的名字很特别。
妈妈做的饭有一种特别的味道，那是爱的味道。
(2) *adv.*　especially
特别喜欢；特别认真；特别热
她特别爱她的妈妈。
他唱歌特别好听，以后一定能成为明星。

523 **特点**　tèdiǎn　*n.*　characteristic

有特点；重要的特点
每个人都有自己的特点。
我最大的特点是爱看书，每天书不离手。

524 **疼**　téng

(1) *v.*　deeply care for, love dearly
妈妈疼孩子是很正常的。
(2) *adj.*　ache
腿疼；有点儿疼
她腿疼，所以今天在家休息。
如果你明天头还疼，就去医院吧。

525 **提**　tí　*v.*　lift, raise; mention

提着书包；提意见；提问题；提条件
他提着书包走进了教室。
老师还没说完，学生又提了一个问题。

提起那件事，妈妈就高兴地一直说。

526 **提出** tíchū put forward

提出问题；提出意见；提出要求
你可以提出这个问题，和大家一起讨论讨论。
老师对我提出了更高的要求。

527 **提到** tídào mention, refer to

提到他；提到这个问题
提到她的孩子，她开心地笑了。
你们刚刚提到的那个人，我不认识。

528 **提高** tí//gāo improve

提高成绩；提高水平；得到提高
她今年的收入提高了不少。
我们怎样才能提高中文水平？

529 **题** tí *n.* question

一道题；出题；做题
这次考试不难，只有五道题。
通过做题，他提高了中文水平。

530 **体育** tǐyù *n.* sports

体育运动；体育老师；爱好体育
你参加明天的体育活动吗？
我们每个星期有四节体育课。

531 **体育场** tǐyùchǎng *n.* stadium

国家体育场；一个体育场
体育场里正在举行市运动会。
这个体育场很大，可以坐一万人。

532 **体育馆** tǐyùguǎn *n.* gymnasium

新体育馆；一个体育馆；学校体育馆
我经常去体育馆打球。
我们学校有一个很大的体育馆，很多人在那儿做运动。

533 **天上** tiānshàng *n.* sky

天上的星星；天上的鸟
鸟在天上飞。
天上的月亮又大又圆（yuán，round）。

534 **条** tiáo *m.* *a measure word for long, narrow, or thin objects; a measure word for something that can be listed item by item*

一条鱼；两条船；两条腿；一条新闻；几条意见
时间像一条河。
老师给我提了三条意见。

535 **条件** tiáojiàn *n.* condition; requirement

生活条件；工作条件；提出条件；讲条件
现在人们的生活条件越来越好了。
公司答应了我们提出的条件。

536 **听讲** tīng//jiǎng listen to a talk, attend a lecture

认真听讲；上课听讲
她一边听讲，一边记笔记。
上课请认真听讲，不要随便说话。

537 **听说** tīngshuō *v.* hear of

这件事你听说了吗？
我听说他明年要去中国。

538 **停** tíng *v.* stop

停一会儿；停下；停车
雨停后，太阳出来了。
火车在这个车站只停5分钟。

539 **停车** tíng//chē park

不能停车；随便停车
学校门前不能随便停车。
请问，这儿哪里可以停车？

540 **停车场** tíngchēchǎng *n.* parking lot

学校的停车场；地下（dìxià，underground）停车场；一个停车场
学校的停车场不收钱。
停车场里停了很多车。

◎ 速练 Quick practice

一、先根据词语写拼音，再将词语和正确的英文释义连起来

Write Pinyin according to the words, and then match the words with the correct English definitions.

1. 停 ____________	A. set, suit (*a measure word for clothes, books, furniture, rooms, methods, etc.*)
2. 提高 ____________	B. mention, refer to
3. 特别 ____________	C. characteristic
4. 套 ____________	D. stop
5. 提到 ____________	E. sports
6. 体育 ____________	F. improve
7. 听说 ____________	G. hear of
8. 特点 ____________	H. special; especially

二、选择合适的词语填空 Choose the right words and fill in the blanks.

（一） A. 套 B. 特别 C. 特点 D. 疼 E. 提

1. 这件事大家都别 ____ 了，就让它过去吧。
2. 她今天穿的这 ____ 衣服是她刚买的。
3. 我头已经不 ____ 了，不用吃药了。
4. 你可以介绍一下儿这些东西的 ____ 吗？
5. 她学习 ____ 认真，我相信她这次考试可以取得好成绩。

（二） A. 体育馆 B. 提出 C. 提高 D. 题 E. 体育

1. 那个高个子男生是我们学校 ____ 队的。
2. 他对我的工作 ____ 了很多意见。
3. 这次考试是谁出 ____？
4. 经过一个学期的努力，大家的成绩都 ____ 了不少。
5. 学校 ____ 的旁边是图书馆。

（三） A. 体育场 B. 提到 C. 条件 D. 天上 E. 条

1. 北京的国家 ____ 非常大，能坐下 9.1 万人。
2. 我不会随便答应你提出的 ____。
3. 他今天穿了一 ____ 白色的裤子。
4. 小说中 ____ 的那个地方，我以前去过。
5. ____ 的星星数也数不清。

（四） A. 听说 B. 听讲 C. 停 D. 停车 E. 停车场

1. 她身体不好，走一会儿就要 ____ 一下儿。
2. ____ 你还有个妹妹，是吗？
3. 那边有个很大的 ____，停的车不多。
4. 只要上课认真 ____，考试就不会有问题。
5. 市中心很难找到 ____ 的地方。

三、选择合适的词语完成句子 Choose the right words to complete the sentences.

1. 她是一位很受学生欢迎的老师，在教学方面有自己的一 ____ 方法。

   A. 套 B. 条

2. 每次我 ____ 她，他都说不认识。

A. 提出　　　B. 提到

3. 我没有什么 ____ 的爱好，平时就喜欢看看书、爬爬山、骑骑车。

A. 特别　　　B. 特点

4. 最后一道 ____ 我不会做，你可以教我吗？

A. 问题　　　B. 题

5. 我 ____ 他们是在北京认识的，后来成了好朋友。

A. 听讲　　　B. 听说

第28单元 Unit 28

◎ 目标词语 Target words

541. 挺	542. 挺好	543. 通	544. 通过	545. 通知
546. 同时	547. 同事	548. 同样	549. 头（tóu，*n./m.*）	
550. 头发	551. 头（tou，*suf.*）		552. 图片	553. 推
554. 腿	555. 外地	556. 外卖	557. 完	558. 完成
559. 完全	560. 晚安			

◎ 速记 Quick memory

541 **挺** tǐng *adv.* very, rather, quite

挺不错的；挺喜欢的
这个酒店的菜挺不错的。
今天挺冷的，多穿点儿衣服。

542 **挺好** tǐng hǎo pretty good

挺好的天气；过得挺好
我现在骑的自行车挺好的，不用换新的。
昨天晚上我睡得挺好的，一觉睡到大天亮。

543 **通** tōng

（1）*v.* lead to; be through, be open
直通北京；通火车；信号不通
这个地方只通了汽车，没通火车。
电话通了，但是没有人说话。
（2）*adj.* coherent
这个句子写得不通，你再改改。

544 **通过** tōngguò

（1）*prep.* through
通过努力，他考上了大学。
通过学习，大家提高了认识。
（2）*v.* pass through; pass
这条小路大车没办法通过。
这次考试太难了，很多同学没通过。

545 **通知** tōngzhī

（1）*v.* notify, inform
通知大家；明天通知；马上通知
现在太晚了，明天再通知大家吧。
我有事情要通知，请大家都进教室来。

(2) *n.* notice
发通知；学校的通知
计划有变，马上发通知告诉大家。
墙上的通知你看到了吗？

546 **同时** tóngshí

(1) *conj.* besides
这样做，帮助了别人，同时也帮助了自己。
这是非常简单（jiǎndān，simple）的方法，同时也是非常有用的方法。
(2) *n.* at the same time
学习的同时；工作的同时；同时考试
她在做作业的同时，还在听音乐。
你们不要同时说话，我听不清楚。

547 **同事** tóngshì *n.* colleague

新同事；过去的同事；成为同事
以后你碰到问题都可以和同事一起商量。
这位是我的老同事，我们已经一起工作10年了。

548 **同样** tóngyàng

(1) *adj.* same, similar
同样的方法；同样的衣服；同样漂亮
学习和生活同样重要。
我发现我们两个人有同样的爱好，都喜欢看书。
(2) *conj.* likewise
别人可以做到的，同样，你也可以做到。
孩子相信大人，同样，大人也要相信孩子。

549 **头** tóu

(1) *n.* head
点头；低头
她的头很疼，先回家休息了。
他头上戴（dài，wear）着一顶（dǐng，*a measure word for things which have a top*）黑色的帽子（màozi，hat）。
(2) *m.* *used for certain domestic animals*
一头牛（niú，cow）；一头猪（zhū，pig）
那片草地上有30头牛。
爷爷家养了一头猪。

550 **头发** tóufa *n.* hair

白头发；姐姐的头发；头发长；洗头发
妈妈才50岁，头发就白了。
她以前是长头发，现在是短头发。

551 **头** tou *suf.* added to a word of location

里头；前头；后头
房间里头没有人，你可以进去。
走在最前头的是我们的老师。

552 **图片** túpiàn *n.* picture, photograph

一张图片；旅游图片；看图片
图片上的人是谁，你认识吗？
这本书里有很多动物的图片，小孩子喜欢看。

553 **推** tuī *v.* push

推门；推车；推他一下儿；往后推
门推不开，我进不去。
自行车在路上坏了，他推着车走回了家。
王老师用手轻轻推了推眼镜（yǎnjìng，glasses），接着上课。

554 **腿** tuǐ *n.* leg

两条腿；桌子腿
她腿疼，不能走路。
一直坐着对身体不好，最好有时间就站起来活动一下儿腿。

555 **外地** wàidì *n.* other place

去外地；外地人
她放三天假，准备去外地旅游。
听他说话就知道他是外地人。

556 **外卖** wàimài

（1）*n.* takeout
送外卖；叫外卖
今天太忙了，他们打电话叫了外卖。
他不会做饭，到了吃饭的时间，他或者去饭馆，或者点外卖。
（2）*v.* (of a restaurant) provide takeout service
很多饭馆有外卖服务。

557 **完** wán *v.* finish, complete

完工；用完；写完
还有10分钟，活动就完了。
饺子吃完了。
我作业马上做完了。

558 **完成** wán//chéng accomplish, complete

完成作业；已经完成；没有完成；下周完成
这个工作完成后，我可以休息半个月。
已经三个月了，我还没有完成我的计划。

559 **完全** wánquán

（1）*adj.* complete
你回答得不完全。
（2）*adv.* completely
完全相同；完全相信；完全正确
不要完全相信他说的话。
这道题老师给我讲了很多遍我才完全明白。

560 **晚安** wǎn'ān *v.* good night

晚安，睡个好觉。
睡觉之前，我和妈妈说"晚安"。

◎ 速练 Quick practice

一、先根据词语写拼音，再将词语和正确的英文释义连起来
Write Pinyin according to the words, and then match the words with the correct English definitions.

1. 完全 ________________	A. very, rather, quite
2. 同时 ________________	B. notify, inform; notice
3. 挺 ________________	C. complete; completely
4. 腿 ________________	D. same, similar; likewise
5. 通知 ________________	E. other place
6. 同样 ________________	F. besides; at the same time
7. 图片 ________________	G. leg
8. 外地 ________________	H. picture, photograph

二、选择合适的词语填空 Choose the right words and fill in the blanks.

（一） A. 挺 B. 挺好 C. 通 D. 通过 E. 通知

1. 很长时间没见面了，她看样子 ____ 的。
2. 这次的检查没有 ____，下个星期要重新检查一次。
3. 我以前 ____ 喜欢他的，现在不喜欢了。
4. "条条大路 ____ 罗马"的英文意思是"all roads lead to Rome"。
5. 如果计划有变，随时 ____ 我。

（二） A. 同时 B. 同事 C. 同样 D. 头 E. 腿

1. 他低着 ____ 走进了教室，没说一句话。
2. 这次活动让学生在学到知识的 ____，还能认识新的朋友。
3. 我昨天踢了三小时球，现在 ____ 有点儿疼。
4. 参加工作后，他是我认识的第一位 ____。
5. 以前我也碰到过 ____ 的问题，我可以帮助你。

（三） A. 头发 B. 图片 C. 推 D. 头 E. 外地

1. 你可以帮我把椅子往前 ____ 一 ____ 吗?
2. 他是最后一个，后 ____ 没人了。
3. 我记得你以前是长 ____，现在成短的了。
4. 我是从 ____ 来的，对这里也不熟。
5. 这些 ____ 不能说明什么问题。

（四） A. 外卖 B. 完 C. 完成 D. 完全 E. 晚安

1. 早点儿睡吧，____。
2. 这里没有早餐 ____。
3. 你为什么要买两件 ____ 一样的衣服?
4. 我弄 ____ 这些事情后就去找你。
5. 回家后先 ____ 作业，再出去玩儿。

三、选择合适的词语完成句子 Choose the right words to complete the sentences.

1. 这里发生了什么我 ____ 不知道。
   A. 挺 B. 完全
2. 认真工作的 ____，你也要注意自己的身体。
   A. 同时 B. 平时
3. 她是我的姐姐，可我们两个人长得完全不 ____。
   A. 同样 B. 一样
4. 你一定要 ____ 到班里每一个同学。
   A. 通过 B. 通知
5. 他轻轻 ____ 了 ____ 门，门开了。
   A. 推 B. 谁

第 29 单元　Unit 29

◎ 目标词语　Target words

561. 晚报	562. 晚餐	563. 晚会	564. 碗	565. 万
566. 网	567. 网球	568. 网站	569. 往	570. 为
571. 为什么	572. 位	573. 味道	574. 喂	575. 温度
576. 闻	577. 问路	578. 问题	579. 午餐	580. 午睡

◎ 速记　Quick memory

561 **晚报**　wǎnbào　*n.*　evening paper

一份晚报；一张晚报；看晚报；卖晚报
我买一份《北京晚报》。
现在看晚报的人不多了。

562 **晚餐**　wǎncān　*n.*　supper

一份晚餐；吃晚餐；准备晚餐
今天的晚餐你想吃什么？
她晚餐前吃了很多水果，所以现在不饿。

563 **晚会**　wǎnhuì　*n.*　evening party

春节晚会；开晚会；举行晚会
我病了，不能去参加学校的晚会了。
明天在你家开晚会吗？你请了哪些人？

564 **碗**　wǎn　*n.*　bowl

饭碗；几个碗；一碗酒；一碗饭
我买了很多漂亮的碗。
平时他要吃三碗饭，今天只吃了一碗。

565 **万**　wàn　*nu.*　ten thousand

她参加工作的第一年收入就有10多万元。
你知道现在在中国留学的外国人有多少万吗？

566 **网**　wǎng　*n.*　net; Internet

球网；上网；网友
没有球网，怎么打球？
我喜欢在网上买东西，很方便。

567 **网球**　wǎngqiú　*n.*　tennis

打网球；网球明星；网球场
我不会打网球，只会打排球。

她是中国非常有名的网球明星。

568 **网站** wǎngzhàn *n.* website

公司网站；学校网站；最大的网站
学校网站上可以看到每位老师的信息。
在这个网站上你可以学习到很多中文知识。

569 **往** wǎng

（1）*v.* go
叫你往东，你要往西。你看，走错路了吧。
小狗一直跟着我，我往左，它也往左，我往右，它也往右。
（2）*prep.* in the direction of, towards
往北走；往前看
桌子往后推一推，前面的人太多了。
他们往学校方向走了，应该是回学校了。

570 **为** wèi *prep.* for

为大家服务；为他高兴；为方便学生
他为实现自己的理想努力工作。
我们为参加活动的人准备了很多好吃的食物。

571 **为什么** wèi shénme why

你为什么生气？
今天你为什么不去上学？

572 **位** wèi *m.* *a measure word for people (polite form)*

几位老师；一位朋友
那位老师教我中文。
周末有几位客人要来。

573 **味道** wèi·dào *n.* taste

味道好；没味道；特别的味道
我不喜欢牛奶的味道。
这家饭店的菜味道很不错，我经常来吃。

574 **喂** wèi *int.* hey

喂，你好！请问是小李吗？
喂，同学，这是你的手机吗？

575 **温度** wēndù *n.* temperature

温度高；温度低
晚上的温度比白天低。
在中国北方，夏天的温度也不是很高。

576 **闻** wén *v.* smell

闻一下儿；闻花；闻到
喝酒前，他先闻了闻。

你闻闻。这菜是不是坏了？

577 **问路** wènlù *v.* ask the way

去问路；向别人问路；问一下儿路
回家的路上，一个小男孩儿跑过来问路。
我不知道怎么走，只好（zhǐhǎo，have to）找个人问路。

578 **问题** wèntí *n.* question, problem

学习问题；回答问题；有问题；提问题
你还有其他问题吗？
我也不知道应该怎么回答你的这个问题。

579 **午餐** wǔcān *n.* lunch

午餐时间；一份午餐；吃午餐
我今天要去公司开会，不在家吃午餐。
中午12点下课后，我就和同学一起去吃午餐了。

580 **午睡** wǔshuì

（1）*n.* nap after lunch
午睡时间；午睡后
你的午睡时间太长了。
午睡后，他们常一起去喝下午茶。
（2）*v.* take a nap after lunch
我每天都要午睡半个小时。

◎ 速练 Quick practice

一、先根据词语写拼音，再将词语和正确的英文释义连起来
Write Pinyin according to the words, and then match the words with the correct English definitions.

1. 温度 ____________	A. supper
2. 喂 ____________	B. why
3. 晚餐 ____________	C. smell
4. 味道 ____________	D. temperature
5. 碗 ____________	E. question, problem
6. 闻 ____________	F. hey
7. 问题 ____________	G. taste
8. 为什么 ____________	H. bowl

二、选择合适的词语填空 Choose the right words and fill in the blanks.

（一） A. 晚报 B. 晚餐 C. 晚会 D. 碗 E. 万

1. 谢谢你们来参加我的生日 ____，我很开心。
2. 早上我买了一 ____ 面条儿，只花了 5 元钱。
3. 他每天都买一份 ____。
4. 去年参加活动的只有几千人，今年有两 ____ 人了。
5. 每天都是妈妈下班后为我们全家准备 ____。

（二） A. 网 B. 网球 C. 网站 D. 往 E. 为

1. 我们学校有一个很大的 ____ 场，我经常去那儿打 ____。
2. "____ 我这儿跑！"妈妈大声对我说。
3. 球 ____ 上有一个很大的洞（dòng，hole）。
4. 快到新年了，妈妈 ____ 家人准备了新年礼物。
5. 我在那家公司的 ____ 上发现了很多工作信息。

（三） A. 为什么 B. 位 C. 喂 D. 温度 E. 味道

1. 我妈妈以前是 ____ 老师，现在退休（tuìxiū，retire）了。
2. 今天 ____ 太低了，多穿点儿衣服再出去吧。
3. 你 ____ 不告诉我呢？我可以帮助你啊。
4. 这个菜没有什么特别的 ____，很平常。
5. ____，您好！请问是留学生办公室吗？

（四） A. 闻 B. 问路 C. 问题 D. 午餐 E. 午睡

1. 我们看 ____，不能只看一部分，要看全部。
2. 我以前白天没有 ____ 的习惯。
3. 不要用手碰，只能用鼻子（bízi，nose）____。
4. ____ 时间还没到，你如果饿了，先吃点儿水果。
5. 如果不知道怎么走，可以向别人 ____。

三、选择合适的词语完成句子 Choose the right words to complete the sentences.

1. 成千上 ____ 的人在体育场为他加油。

   A. 万 B. 百

2. 我 ____ 了 ____，瓶子里装的是酒。

A. 看　　B. 闻

3. 人要学会 ____ 前看，不要一直停在一个地方。

A. 往　　B. 为

4. ____ 变低了，多穿点儿衣服。

A. 天气　　B. 温度

5. 这个 ____ 很难，我不知道应该怎么回答。

A. 问题　　B. 难题

第 30 单元　Unit 30

◎ 目标词语　Target words

581. 西北	582. 西餐	583. 西方	584. 西南	585. 西医
586. 习惯	587. 洗衣机	588. 洗澡	589. 下	590. 下雪
591. 下周	592. 夏天	593. 相同	594. 相信	595. 响
596. 想到	597. 想法	598. 想起	599. 向	600. 相机

◎ 速记　Quick memory

581 **西北**　xīběi　*n.*　northwest

西北方向；西北风；西北地区（dìqū，district）
往西北方向走，可以看见一个学校。
我们这儿冬天常刮（guā，blow）西北风。

582 **西餐**　xīcān　*n.*　Western-style food

吃西餐；做西餐
中餐和西餐我都喜欢吃。
我不会做西餐，你会吗？

583 **西方**　xīfāng　*n.*　the West

西方人；西方国家
你去过哪些西方国家？
这本书主要介绍了西方文化。

584 **西南**　xīnán　*n.*　southwest

西南方向；西南风
学校在医院的西南方向。
中国东北和西南的很多地方我都去过。

585 **西医**　xīyī　*n.*　Western medicine (as distinguished from traditional Chinese medicine); doctor trained in Western medicine

学西医；看西医
他在大学学的是西医。
有的人相信西医，有的人相信中医。
中医、西医都可以治（zhì，cure）病。

586 **习惯**　xíguàn

（1）*n.*　habit, custom
好习惯；生活习惯
好习惯要从小培养（péiyǎng，foster）。
课后复习是我的学习习惯。
（2）*v.*　be used to

已经习惯；习惯早起
我在北京生活10年了，已经习惯这里的天气了。
第一次睡得这么晚，我很不习惯。

587 **洗衣机** xǐyījī *n.* washing machine

一台洗衣机；新洗衣机；买洗衣机
有些衣服不能用洗衣机洗。
以前的洗衣机坏了，我们家买了台新的。

588 **洗澡** xǐ//zǎo have (or take) a bath, bathe

去洗澡；给孩子洗澡；用热水洗澡；洗个澡
妈妈每天都给孩子洗澡。
太热了，我去洗个澡。

589 **下** xià *m.* *used to indicate the repetition of an action*

推一下儿；问一下儿
她走到门口，推了一下儿门。
你可以先想一下儿，再回答老师的问题。

590 **下雪** xià xuě snow

下雪的日子；下大雪；下了一场雪
外面正在下雪，我们出去玩儿雪吧。
我生活在中国的南方，那里很少下雪。

591 **下周** xià zhōu next week

下周回国；到下周
下周我要坐飞机去北京旅游。
我的作业下周就可以做完了。

592 **夏天** xiàtiān *n.* summer

夏天的雨；一个夏天；夏天来了
夏天太热了，我更喜欢春天。
这件衣服是我去年夏天买的。

593 **相同** xiāngtóng *adj.* identical, same

相同的颜色；相同的名字；爱好相同
我和姐姐买了相同颜色的书包。
这个国家的生活习惯和我们国家不完全相同。

594 **相信** xiāngxìn *v.* believe

相信我；可以相信；完全相信
你为什么不相信我？
不要随便相信别人说的话。

595 **响** xiǎng *adj.* loud

响声；太响了
电视机声音太响了，影响别人休息。
这只小狗叫得真响！

596 **想到** xiǎngdào think of

想到一件事
我没想到他会来参加今天的晚会。
想到马上要去中国留学，她很开心。

597 **想法** xiǎng·fǎ *n.* idea, opinion

一个想法；有想法；想法不错
你有什么想法，可以直接说出来。
大人和小孩儿的想法完全不一样。

598 **想起** xiǎngqǐ recall

想起朋友；想不起
离开中国后，我经常想起我的中国朋友。
那个男生是谁啊？我想不起他的名字了。

599 **向** xiàng

（1）*prep.* to, towards
向上看；向前走；向老师说明
所有人向右看。
请向你妈妈问好。
（2）*v.* face
向阳的房间
教室里，同学们都面向老师坐着。

600 **相机** xiàngjī *n.* camera

一个相机；买相机
我想买一个小一点儿的相机。
生日的时候，妈妈送给我一个新相机。

◎ 速练 Quick practice

一、先根据词语写拼音，再将词语和正确的英文释义连起来
Write Pinyin according to the words, and then match the words with the correct English definitions.

1. 想法 ________	A. habit, custom; be used to
2. 相机 ________	B. summer
3. 洗澡 ________	C. identical, same
4. 习惯 ________	D. camera
5. 下雪 ________	E. idea, opinion
6. 相信 ________	F. believe
7. 夏天 ________	G. snow
8. 相同 ________	H. have (or take) a bath, bathe

二、选择合适的词语填空 Choose the right words and fill in the blanks.

（一） A. 西北 B. 西餐 C. 西方 D. 西医 E. 习惯

1. 这家店的 ____ 很有名，我经常和朋友一起来吃。
2. 她上课一边听讲，一边做笔记，学习 ____ 很好。
3. 中国 ____ 地区明天有大雪。
4. 他去过很多 ____ 国家。
5. 很多人相信中医，也相信 ____。

（二） A. 西南 B. 洗衣机 C. 洗澡 D. 下 E. 下雪

1. 上星期天气很冷，一直在 ____。
2. 还有半个小时，____ 里的衣服就洗好了。
3. 打完球回到家，我就马上去 ____ 了。
4. 你和大家说一 ____ 儿明天的活动计划吧。
5. 重庆（Chóngqìng）位于（wèiyú，be located）中国的 ____ 地区。

（三） A. 下周 B. 夏天 C. 相同 D. 相信 E. 响

1. 虽然我们的名字 ____，但是我们的样子完全不一样。
2. 你的手机音乐声音太 ____ 了，能不能小一点儿声？
3. ____ 我们找个地方见一面。
4. 大家都不 ____ 她，只有她的妈妈 ____ 她。
5. 这里的 ____ 经常下雨，冬天经常下雪。

（四） A. 想到 B. 想法 C. 想起 D. 向 E. 相机

1. 我还没有什么好的 ____，你可以先说一说你的。
2. 她走进教室，____ 我走来。
3. 下这么大的雪，没 ____ 你还是来了。
4. 这是你的 ____ 吗？我可以用一下儿吗？
5. 看到他，让我 ____ 了我的爸爸。

三、选择合适的词语完成句子 Choose the right words to complete the sentences.

1. 我和他经常看法 ____，所以很快就成了好朋友。

   A. 相同 B. 不同

2. 我 ____ 你可以通过这次考试。

A. 信心　　　B. 相信

3. 她 ____ 妈妈离开前说的话，难过地哭了。

A. 想起　　　B. 想法

4. 她碰了我一 ____ 儿，没有说一句话。

A. 下　　　B. 点

5. 如果生病了，不能来上学，要 ____ 老师说明原因。

A. 向　　　B. 为

第31单元　Unit 31

◎ 目标词语　Target words

601. 像	602. 小	603. 小声	604. 小时候	605. 小说
606. 小心	607. 小组	608. 校园	609. 校长	610. 笑话
611. 笑话儿	612. 鞋	613. 心里	614. 心情	615. 心中
616. 新闻	617. 信	618. 信号	619. 信息	620. 信心

◎ 速记　Quick memory

601 **像**　xiàng　*v.*　be like, resemble, take after

像爸爸；学得像；非常像
时间就像一条河。
姐姐和妹妹长得很像。

602 **小**　xiǎo　*pref.*　*a term of endearment for young people*

小王；小高
小王刚参加工作不久。
我们班小高学习挺努力的。

603 **小声**　xiǎo shēng　in a low voice

小声说话；小声唱歌
她小声跟同学说了几句话。
里面正在开会呢，你说话小声点儿。

604 **小时候**　xiǎoshíhou　*n.*　childhood, youth

回到小时候；小时候的故事
小时候，我最喜欢坐火车去旅行。
我们小时候总喜欢学着大人的样子说话。

605 **小说**　xiǎoshuō　*n.*　novel, fiction

一本小说；外国小说
这本小说写的是一个爱情故事。
这个作家写的小说受到了年轻人的欢迎。

606 **小心**　xiǎoxīn

（1）*adj.*　careful
特别小心
他说话做事都非常小心。
（2）*v.*　take care, be careful, be cautious
过马路要小心。
小心桌子角，别碰疼了。

607 **小组** xiǎozǔ *n.* group

学习小组；7个小组
我们小组有7个人。
老师让大家分小组讨论。

608 **校园** xiàoyuán *n.* campus

校园活动；校园爱情；离开校园
放学后，校园里非常安静。
整个校园虽然不大，但非常干净。

609 **校长** xiàozhǎng *n.* headmaster

校长办公室；两位校长；李校长
王校长现在在办公室里。
校长带大家参观了新校园。

610 **笑话** xiàohua *v.* laugh at

笑话别人
我们不可以笑话别人。
想唱就唱吧，不要怕别人笑话。

611 **笑话儿** xiàohuar *n.* joke, jest

讲笑话儿；看笑话儿
她讲了一个不好笑的笑话儿。
为了这点儿小事生气，你也不怕大家看笑话儿？

612 **鞋** xié *n.* shoe

鞋店；一双鞋；穿鞋
他今天穿了一双白色的球鞋。
鞋穿着舒服不舒服，只有脚知道。

613 **心里** xīn·lǐ *n.* heart, mind

放在心里；心里有事
这点儿小事别往心里去。
听了他的话，这两天我心里很难受。

614 **心情** xīnqíng *n.* mood

快乐的心情；心情好
好天气给我们带来了好心情。
这件事情没有影响大家的心情。

615 **心中** xīnzhōng *n.* heart, mind

在同学心中；心中不高兴
你对我们的好我们会永远记在心中。
走遍东西南北中，安全二字记心中。

616 **新闻** xīnwén *n.* news

一条新闻；国际新闻；新闻图片

我喜欢看新闻节目。
她平时在手机上看新闻。

617 **信** xìn *n.* letter

一封信；写信；收信
这儿有你的一封信。
现在人们一般不写信了，都直接发微信。

618 **信号** xìnhào *n.* signal

手机信号；发信号
这个地方手机信号很差。
发信号的方法有很多，比如可以用灯光（dēngguāng，light）。

619 **信息** xìnxī *n.* information, message

有用的信息；短信息；一条信息
人们可以在图书馆查到各种知识与信息。
你的手机收到一条信息。

620 **信心** xìnxīn *n.* confidence

有信心；没有信心
人要对自己有信心。
她有信心完成好工作。

◎ 速练 Quick practice

一、先根据词语写拼音，再将词语和正确的英文释义连起来

Write Pinyin according to the words, and then match the words with the correct English definitions.

1. 小声 ________________	A. shoe
2. 小组 ________________	B. headmaster
3. 校长 ________________	C. group
4. 笑话儿 ______________	D. joke, jest
5. 鞋 __________________	E. mood
6. 心情 ________________	F. in a low voice
7. 新闻 ________________	G. confidence
8. 信心 ________________	H. news

二、选择合适的词语填空 Choose the right words and fill in the blanks.

（一） A. 小心 B. 小 C. 小声 D. 小时候 E. 小说

1. 记得 ____ 我们家门前有一棵大树。

2. ____ 王是我们小组最年轻的。

3. 同学们分成了几个小组，____ 地讨论着作文题。

4. 天冷了，多穿点儿衣服，____ 生病。

5. 小红昨天看了一本关于爱情的 ____。

（二） A. 像 B. 校园 C. 校长 D. 笑话 E. 笑话儿

1. 知道自己做错了事，小明的脸红得 ____ 苹果一样。

2. 保护 ____ 里的一草一木是我们每个学生应该做的。

3. 听完同学讲的 ____，小明笑了起来。

4. 当别人做得不对的时候，我们不应该 ____ 别人。

5. ____ 的讲话让同学们明白了很多道理。

（三） A. 小组 B. 鞋 C. 心里 D. 心情 E. 新闻

1. 他们一家都爱看国际 ____。

2. 每个 ____ 有 12 个人。

3. 我打算今天下午去买 ____。

4. 听了这些话我 ____ 很高兴。

5. 好朋友生病了，她 ____ 不好。

（四） A. 心中 B. 信号 C. 信息 D. 信心 E. 信

1. 这本书告诉我们，每个人的 ____ 都住着一个小孩儿。

2. 他昨天收到了家里来的一封 ____。

3. 他住在山里面，手机 ____ 差。

4. 这道题很难，但是他有 ____ 做出来。

5. 我们的手机每天都能收到很多 ____。

三、选择合适的词语完成句子 Choose the right words to complete the sentences.

1. 他讲了一个 ____，但谁也没听明白。

A. 笑话 B. 笑话儿

2. 他的手机今天早上收到了很多 ____。

A. 信号 B. 信息

3. 早晨，____ 里有很多学生大声地读书。

A. 校园　　B. 校长

4. 大家在休息，我们要 ____ 说话。

A. 大声　　B. 小声

5. 大学生活动 ____ 正在举行活动。

A. 心中　　B. 中心

第 32 单元　Unit 32

◎ 目标词语　Target words

621. 信用卡	622. 星星	623. 行动	624. 行人	625. 行为
626. 姓	627. 姓名	628. 休假	629. 许多	630. 选
631. 学期	632. 雪	633. 颜色	634. 眼	635. 眼睛
636. 养	637. 样子	638. 要求	639. 药	640. 药店

◎ 速记　Quick memory

621 **信用卡**　xìnyòngkǎ　*n.*　credit card

一张信用卡；刷（shuā，swipe）信用卡；还信用卡
出门在外，我都会带着信用卡。
参加工作后，小王办了中国银行的信用卡。

622 **星星**　xīngxing　*n.*　star

看星星；小星星
她的眼睛像星星一样亮。
夜里，我们坐在院子里看星星。

623 **行动**　xíngdòng

（1）*v.*　act, take action
分开行动；马上行动
他腿疼，行动起来不方便。
时间不够了，我们马上行动。
（2）*n.*　action
最近的行动；实际行动
最近的那次行动出了些问题，大家都很难过。
你不能只说不做，我们要看你的实际行动。

624 **行人**　xíngrén　*n.*　pedestrian

行人少；路上的行人
天气非常热，路上没有行人。
行人要走人行道（rénxíngdào，pavement）。

625 **行为**　xíngwéi　*n.*　behavior

这种行为；不正常的行为
他一点儿也不注意自己的行为。
小明刚才的行为让人觉得不舒服。

626 **姓**　xìng

（1）*n.*　surname
您贵姓？

"王"在中国是大姓。
（2）*v.* be surnamed
姓什么；姓王
我姓白，他姓王。

627 **姓名** xìngmíng *n.* name

你的姓名；留下姓名
她做了好事，但没留下姓名。
请大家在纸上写下自己的姓名。

628 **休假** xiū//jià have a holiday or vacation

回家休假
他跟公司说想回国休假。
小明打算下个月去国外休假。

629 **许多** xǔduō *nu.* many, much

许多人；许多留学生；许许多多
他今年老了许多。
这本书里写了许多有意思的故事。

630 **选** xuǎn *v.* select, choose

选班长；选个好日子；选大的
我们选小明当班长。
她选了一个大家都有空儿的日子请客。

631 **学期** xuéqī *n.* semester

下（个）学期；这（个）学期；新学期
上学期，我们参加了一次HSK考试。
时间过得真快啊，一个学期又要过去了。

632 **雪** xuě *n.* snow

白雪；大雪；下雪
昨天晚上下雪了。
好大的雪啊！妈妈，你快来看！

633 **颜色** yánsè *n.* color

七种颜色；不同颜色
这是什么颜色？
大自然的颜色给了人们快乐的心情。

634 **眼** yǎn

（1）*n.* eye
左眼
这个人一只眼大，一只眼小。
（2）*m.* *a measure word for actions of looking*
看一眼
他生气地看了我一眼。
他一眼就看出这组数字有问题。

635 **眼睛** yǎnjing *n.* eye

黑眼睛；大大的眼睛
小明有一双会说话的眼睛。
周末在家看了一天的书，看得我眼睛都花了。

636 **养** yǎng *v.* raise

养花；养孩子
他养了一只猫。
家里只有爸爸一个人工作养家。

637 **样子** yàngzi *n.* appearance

这件衣服的样子很好看。
看他那高兴的样子，这次考试应该考得不错。

638 **要求** yāoqiú

（1）*v.* require
要求学生；多次要求
不要要求别人为你改变。
中文老师要求同学们平时多听多读。
（2）*n.* requirement
老师的要求；高要求；提出要求
爸爸答应了小明去北京旅行的要求。
有的家长对孩子的要求很高，孩子觉得很累。

639 **药** yào *n.* medicine

吃药；开药；喝药；一片药
小明生病了，医生给他开了两种药。
这种药一天三次，一次两片，饭后吃。

640 **药店** yàodiàn *n.* drugstore

一家药店；开药店
我家东边有一家药店。
这家药店里的人很多，大家都在买药。

◎ 速练 Quick practice

一、先根据词语写拼音，再将词语和正确的英文释义连起来
Write Pinyin according to the words, and then match the words with the correct English definitions.

1. 药 ________	A. select, choose
2. 眼 ________	B. appearance
3. 要求 ________	C. medicine
4. 选 ________	D. eye; *a measure word for actions of looking*
5. 学期 ________	E. pedestrian
6. 样子 ________	F. have a holiday or vacation
7. 休假 ________	G. require; requirement
8. 行人 ________	H. semester

二、选择合适的词语填空 Choose the right words and fill in the blanks.

（一） A. 信用卡 B. 星星 C. 行动 D. 行人 E. 行为

1. 小明很着急，因为他的 ____ 丢了。
2. 车在路口停了下来，让 ____ 先走。
3. 他最近的 ____ 不太正常，是不是出了什么事？
4. 春天，地上的小花像天上的 ____ 一样多。
5. 经理说完工作计划后，大家马上 ____ 了起来。

（二） A. 姓 B. 姓名 C. 休假 D. 许多 E. 选

1. 这儿衣服很多，你可以自己 ____。
2. 第一次见面时，我们会问别人："您贵 ____？"
3. 小明向公司提出 ____ 一个月。
4. 每个学期，学校都会举行 ____ 活动。
5. 我不知道她的 ____，但是我好像见过她。

（三） A. 学期 B. 雪 C. 颜色 D. 眼 E. 眼睛

1. 在大太阳下看书对 ____ 不好。
2. 我早上去上学的时候，外面正在下 ____。
3. 虽然路上人很多，但是他一 ____ 就看到了自己的孩子。
4. 新 ____ 大家选王明当班长。
5. 你喜欢什么 ____？绿色、黄色还是红色？

（四） A. 养 B. 样子 C. 要求 D. 药 E. 药店

1. 他家 ____ 了三只猫。
2. 对别人不能 ____ 太高。
3. 看小王高兴的 ____，他这回一定考得不错。
4. 这条路上有商场、学校、医院和 ____。
5. 他不太舒服，吃了 ____ 就睡了。

三、选择合适的词语完成句子 Choose the right words to complete the sentences.

1. 小明这种上课说话的 ____ 是不对的。

   A. 行动 B. 行为

2. 同学们走累了，都坐在树下 ____。

A 休假　　B 休息

3 . 上 ____，我们一共有 6 门课。

A. 学期　　B. 日期

4. 我们应该严格（yángé，strict）____ 自己，这样才能取得好成绩。

A. 要求　　B. 请求

5. 我弟弟才 2 岁，走路的 ____ 十分可爱。

A. 样子　　B. 行为

第 33 单元 Unit 33

◎ 目标词语 Target words

641. 药片	642. 药水	643. 也许	644. 夜	645. 夜里
646. 一部分	647. 一定	648. 一共	649. 一会儿	650. 一路平安
651. 一路顺风	652. 已经	653. 以后	654. 以前	655. 以上
656. 以外	657. 以为	658. 以下	659. 椅子	660. 一般

◎ 速记 Quick memory

641 **药片** yàopiàn *n.* tablet

白色药片；小药片
这些药片可以帮你睡个好觉。
医生给我开了两种药，一种是药片，一种是药水。

642 **药水** yàoshuǐ *n.* liquid medicine

药水的味道；一瓶药水
他一口把药水喝了。
这药水外用，不能喝。

643 **也许** yěxǔ *adv.* perhaps

也许生病了；也许是我做错了
今天也许会下雨。
你在地上找一找，也许能找到。

644 **夜** yè *n.* night

三天三夜
为了这件事，他一夜没睡。
冬天的时候，白天短黑夜长。

645 **夜里** yè·lǐ *n.* at night

夜里开车一定要小心。
那天夜里，我们一起坐在海边看星星。

646 **一部分** yí bùfen a part of

一部分学生；最后一部分
记生词是学习语言非常重要的一部分。
爸爸妈妈为孩子读大学留出了一部分钱。

647 **一定** yídìng

（1）*adj.* fixed, regular; certain
一定的时间；一定的关系；一定的影响
公交车按照（ànzhào，according to）一定的时间出发。

他的中文水平有了一定的提高。
（2）*adv.* certainly, surely
一定来
考试的时候一定要认真。
最好的不一定是最合适的。
家长答应孩子的事一定要办到。

648 **一共** yígòng *adv.* altogether, in all

一共20个；一共多少人
三个小组一共18人。
这本书一共有500多页。

649 **一会儿** yíhuìr *adv.* ... one moment... the next (*indicating alternation between two actions or situations*)

天一会儿晴一会儿阴。
他一会儿出去，一会儿进来，特别忙。

650 **一路平安** yílù-píng'ān have a pleasant/safe journey

弟弟去北京上学，姐姐祝（zhù，wish）他一路平安。
火车快开了，送行（sòng//xíng，see somebody off）的人大喊"一路平安"。

651 **一路顺风** yílù-shùnfēng have a good trip

祝您一路顺风。
再见，一路顺风！

652 **已经** yǐjīng *adv.* already

已经3点了；已经说过了
爷爷已经70岁了。
天已经黑了，他们还没有回家。

653 **以后** yǐhòu *n.* after, afterwards

从今以后；5年以后
这个工作一星期以后可以完成。
你的身体不太好，以后要多多运动。

654 **以前** yǐqián *n.* before

10年以前；天亮以前
我们3点以前可以到家。
我以前成绩不好，现在好多了。

655 **以上** yǐshàng *n.* more than; the above-mentioned

50人以上；以上的行为
他每天工作10个小时以上。
以上是我的看法，请大家多提意见。

656 **以外** yǐwài *n.* beyond, outside

长城以外；8小时以外
雨非常大，5米以外就看不清了。

在办公室不要做工作以外的事情。

657 **以为** yǐwéi *v.* think, consider

我以为这花是真的，实际上是假的。
他以为刚刚走来的人是班长，原来是小明。

658 **以下** yǐxià *n.* below, under; the following

30人以下；以下几点
3岁以下的孩子不能参加。
以下是大家对这件事情的不同看法。

659 **椅子** yǐzi *n.* chair

一把椅子；搬椅子
小王正坐在椅子上休息。
小明从椅子上站了起来。

660 **一般** yìbān *adj.* common, general, ordinary

一般的做法；学得一般
这本小说写得一般。
这道题很难，一般人做不出来。
他平时成绩一般，这次考试却考得很好。

◎ 速练 Quick practice

一、先根据词语写拼音，再将词语和正确的英文释义连起来

Write Pinyin according to the words, and then match the words with the correct English definitions.

1. 一般 ________________ A. tablet
2. 已经 ________________ B. already
3. 药片 ________________ C. chair
4. 夜里 ________________ D. a part of
5. 一定 ________________ E. think, consider
6. 以为 ________________ F. fixed, regular; certain; certainly, surely
7. 椅子 ________________ G. common, general, ordinary
8. 一部分 ______________ H. at night

二、选择合适的词语填空 Choose the right words and fill in the blanks.

（一） A. 药片 B. 药水 C. 也许 D. 夜 E. 夜里

1. 她很生气，____ 我不应该告诉她这件事。

2. 白天太热了，____ 凉快点儿。

3. 这种红 ____ 不能喝，只能外用。

4. 昨晚下了一 ____ 雨，路上都是水。

5. 白色的 ____ 白天吃，黑色的 ____ 晚上吃。

（二） A. 一部分 B. 一定 C. 一共 D. 一会儿 E. 一路平安

1. 你 ____ 说 ____ 不说，你再不说，我就走了。

2. 学习已经成为我们生活的 ____ 了。

3. 明天你就要回国了，____！

4. 老师告诉我们，考试的时候 ____ 要看清楚题的要求。

5. 加上老师，教室里 ____ 有 30 人。

（三） A. 一路顺风 B. 已经 C. 以后 D. 以前 E. 以上

1. 我和小王 ____ 是同学，但我们 3 年没有联系了。

2. 老王，____！到了北京给我打电话。

3. 你的字写得太难看了，____ 要多多练习。

4. 经过努力，我终于考到了 90 分 ____。

5. 小明和小王 ____ 有 10 年没有见面了。

（四） A. 以外 B. 以为 C. 以下 D. 椅子 E. 一般

1. 小明 ____ 长大后会更自由，实际上真正的自由很少。

2. 小王喜欢唱歌，虽然他歌唱得很 ____。

3. 爸爸为小明做了一把 ____。

4. 小王用工作 ____ 的时间学习英语。

5. ____ 是我的一些想法，希望能够对大家有帮助。

三、选择合适的词语完成句子 Choose the right words to complete the sentences.

1. 他 ____ 忘了，你再跟他说一下儿。

A. 也许 B. 必须

2. 全世界 ____ 有两百多个国家和地区。

A. 一起 B. 一共

3. 电影的最后 ____ 比前面好看。

A. 一部分　　B. 一会儿

4. 平时成绩 ____ 的小王，这次数学考了100分。

A. 一般　　B. 普通

5. ____ 这些事情是接下来一周的工作，请大家认真听。

A. 以上　　B. 以下

第 34 单元　Unit 34

◎ 目标词语　Target words

661. 一点点	662. 一生	663. 一直	664. 亿	665. 意见
666. 意思	667. 因为	668. 阴	669. 阴天	670. 音节
671. 音乐	672. 音乐会	673. 银行	674. 银行卡	675. 应该
676. 英文	677. 英语	678. 影片	679. 影响	680. 永远

◎ 速记　Quick memory

661 **一点点**　yì diǎndiǎn　a little bit

一点点雪；低一点点
这次考试我差一点点就100分了。
知识是一点点慢慢积累（jīlěi，accumulate）的。

662 **一生**　yìshēng　*n.*　all one's life

快乐的一生；一生平安
人的一生平安健康最好。
朋友是一本让你一生都读不完的书。

663 **一直**　yìzhí　*adv.*　continuously; straight (in one direction)

一直学习；一直往东走
小明一直在教室等老师。
从这儿一直往东走，就能到动物园。

664 **亿**　yì　*nu.*　hundred million

一亿
世界上有几十亿人口。
几亿年前的地球是什么样的呢？

665 **意见**　yì·jiàn　*n.*　idea, opinion; objection, different opinion

不同的意见；提出意见
这件事情，你能说说你的意见吗？
小王对这件事情很有意见。

666 **意思**　yìsi　*n.*　meaning; interest, fun

这个词的意思；有意思
你知道这句话的意思吗？
这本书真有意思，我要借回去看。

667 **因为**　yīn·wèi

（1）*conj.*　because

因为下大雪，所以他今天开车开得很慢。
（2）*prep.* because of
他因为这件事没来上课。

668 **阴** yīn *adj.* cloudy

阴天
天一会儿晴一会儿阴。
天阴了，可能要下雨，我们快点儿回家吧。

669 **阴天** yīntiān *n.* cloudy day

不知道明天是阴天还是晴天。
一到阴天下雨，他的身体就不舒服。

670 **音节** yīnjié *n.* syllable

双（shuāng，dual）音节；重读音节
中文中两个音节的词最多。

671 **音乐** yīnyuè *n.* music

爱好音乐；听音乐
他们都是爱好音乐的人。
学校每年都会举行音乐节活动。

672 **音乐会** yīnyuèhuì *n.* concert

一场音乐会；听音乐会
这次音乐会来了不少人。
小明有10张音乐会的票。

673 **银行** yínháng *n.* bank

中国银行；一家银行
请问，校园里有银行吗？
小明去银行办信用卡了。

674 **银行卡** yínhángkǎ *n.* bank card

办银行卡；银行卡密码（mìmǎ，password）
请拿好您的银行卡。
我的银行卡不见了。

675 **应该** yīnggāi *v.* should, ought to

应该睡觉；不应该想
这没有什么，我只是做了自己应该做的事。
小明今天已经工作很长时间了，应该休息休息了。

676 **英文** Yīngwén *n.* English

英文歌；英文书
小明可以用英文写信。
小王学了一上午英文。

677 **英语** Yīngyǔ *n.* English

说英语；一口流利的英语
英语和汉语是两种不同的语言。
班里差不多一半的同学都学过英语。

678 **影片** yǐngpiàn *n.* film, movie

中国影片；这些影片；一部（bù，*a measure word for books, films, vehicles, etc.*）影片
影片讲的是一个爱情故事。
影片中的那个年轻人最后实现了自己的理想。

679 **影响** yǐngxiǎng

（1）*v.* influence, affect
受到影响；影响工作
家长的行为会影响孩子。
这件事情没有影响大家的心情。
（2）*n.* influence
国际影响；不好的影响
这件事对他有很大的影响。
他这么做，影响特别不好。

680 **永远** yǒngyuǎn *adv.* forever

永远年轻；永远不变
我们永远是好朋友！
一直跟别人比会让自己永远都不快乐。

◎ 速练 Quick practice

一、先根据词语写拼音，再将词语和正确的英文释义连起来
Write Pinyin according to the words, and then match the words with the correct English definitions.

1. 一直 ________	A. influence, affect; influence
2. 影响 ________	B. film, movie
3. 音节 ________	C. bank
4. 影片 ________	D. should, ought to
5. 阴天 ________	E. syllable
6. 因为 ________	F. continuously; straight (in one direction)
7. 应该 ________	G. because; because of
8. 银行 ________	H. cloudy day

二、选择合适的词语填空 Choose the right words and fill in the blanks.

（一） A. 一生 B. 一点点 C. 一直 D. 亿 E. 意见

1. 中国有 14 ____ 人口。
2. 别难过，人的 ____ 会碰到很多困难，过去了就好了。
3. 他听不进别人提的 ____。
4. 不要因为 ____ 小事就生气。
5. 大卫从小到大 ____ 都很喜欢中国文化。

（二） A. 意思 B. 因为 C. 阴 D. 阴天 E. 音节

1. ____ 生病，小王最近没有来上课。
2. 刚才还有那么大的太阳，现在天一下儿就 ____ 了。
3. 小明说的那个活动没什么 ____，我不想去。
4. 一般来说，一个汉字是一个 ____。
5. 前几天 ____，今天太阳出来了，天晴了。

（三） A. 音乐 B. 音乐会 C. 银行 D. 银行卡 E. 英文

1. 麦克来中国的第一件事情就是给自己办 ____。
2. 老师问大家喜欢听什么样的 ____。
3. 小王一会儿学 ____，一会儿学画画儿，最后什么都没学好。
4. ____ 的票已经全部卖完了。
5. ____ 9 点开门。

（四） A. 应该 B. 英语 C. 影片 D. 影响 E. 永远

1. 他工作很忙，但是还是在下班后学习 ____。
2. 这是一部很有教育意义（yìyì，meaning）的 ____。
3. 我 ____ 不会忘记和他在一起的日子。
4. 每个同学都 ____ 做好自己的学习计划。
5. 小明说的话 ____ 了我的心情。

三、选择合适的词语完成句子 Choose the right words to complete the sentences.

1. 小明的成绩很好，因为他 ____ 很努力。

   A. 经常 B. 一直

2. “打”这个词有很多 ____。

A. 意思　　　B. 意见

3. “洗衣机”是一个三 ____ 词。

A. 音节　　　B. 音乐

4. 我们可以用自己的言行（yánxíng，words and deeds）去 ____ 其他人，让世界变得更好。

A. 影片　　　B. 影响

5. 一年 365 天，小明天天忙工作，好像 ____ 不知道累。

A. 一直　　　B. 永远

第 35 单元　Unit 35

◎ 目标词语　Target words

681. 油	682. 游客	683. 友好	684. 有空儿	685. 有人
686. 有（一）点儿	687. 有意思	688. 又	689. 鱼	690. 语言
691. 原来	692. 原因	693. 院	694. 院长	695. 院子
696. 愿意	697. 月份	698. 月亮	699. 越	700. 越来越

◎ 速记　Quick memory

681 **油**　yóu　*n.*　oil; gas

一瓶油
妈妈做菜时不喜欢放很多油。
衣服上有油，你脱（tuō，take off）下来我洗洗。
汽车该加油了。

682 **游客**　yóukè　*n.*　visitor, tourist

外国游客；游客中心；带游客参观
每年都有许多外国游客来中国旅游。
五四青年节这天，公园里的游客非常多。

683 **友好**　yǒuhǎo　*adj.*　friendly

友好对话；友好关系（guānxi，relationship）
中国是个友好的国家。
他对客人一点儿也不友好。
小明对小王笑了笑，表示友好。

684 **有空儿**　yǒukòngr　*v.*　have time, be free

有空儿来玩儿；星期四有空儿
只要你有空儿，我们就去。
小明说他下午没课，有空儿。

685 **有人**　yǒu rén　someone

门前的那条小路很少有人经过。
教室里，有人在读书，有人在做练习。

686 **有（一）点儿**　yǒu(yì)diǎnr　*adv.*　a little

有（一）点儿晚；有（一）点儿贵
最近我有一点儿忙。
今天学的东西很难，我有点儿不明白。

687 **有意思**　yǒu yìsi　interesting, fun

真有意思

这个故事非常有意思。
这篇文章（wénzhāng，eassy）很有意思。

688 **又** yòu *adv.* again; *indicating that several properties or conditions existing at the same time*

一次又一次；又好又快
他拿起那封信看了又看。
他写汉字写得又快又好看。

689 **鱼** yú *n.* fish

一条鱼；养鱼
他家养了许多鱼。
蓝天是小鸟的家，河湖是鱼儿的家，地球是我们的家。

690 **语言** yǔyán *n.* language

一门语言
我和他没有共同语言。
练习是语言学习非常重要的一部分。

691 **原来** yuánlái

（1）*adj.* original
原来的计划；原来的工作单位
小明回到原来的班级上课了。
我原来的意思是今天休息一天。
（2）*adv.* so, as it turns out to be (*indicating that the real situation has been found*)
原来是我错了
原来是你啊！
夜里怎么这么冷？原来是下雪了。

692 **原因** yuányīn *n.* cause, reason

生气的原因；发现原因
小王向经理说明了请假的原因。
因为天气原因，我们不能去外面玩儿了。

693 **院** yuàn *n.* courtyard; designation for certain government offices and public places; college; hospital

小院；科学院；高等（gāoděng，higher level）院校；住院
经过小院就到了他家。
他爸爸住院了，所以他请假了。

694 **院长** yuànzhǎng *n.* head of an institution or a hospital

王院长；医院的院长
院长是个年轻人。
老王是这家医院的院长。

695 **院子** yuànzi *n.* courtyard

院子里；外面的院子
院子的旁边有一些大树。

我们去院子里玩儿吧。

696 **愿意** yuànyì *v.* be willing to

愿意参加；愿意不愿意
你愿意和我一起去上海吗？
小王对人非常友好，大家都愿意和他做朋友。
A：你愿意和他结婚吗？
B：我愿意。

697 **月份** yuèfèn *n.* month

三月份；在一月份的时候
七八月是北京最热的月份。
从五月份开始，小王打算每天早上背二十个生词。

698 **月亮** yuèliang *n.* moon

天上的月亮；月亮出来了
十五的月亮十六圆。
你看，今天的月亮像一只小船。

699 **越** yuè *adv.* the more... (the more...)

越快越好；越长越高
雨越下越大，路上全是水。
有的人认为朋友越多越好。

700 **越来越** yuè lái yuè more and more

越来越热；越来越高兴
天越来越黑，可能要下雨了。
越来越多的学生参加了这个活动。

◎ 速练 Quick practice

一、先根据词语写拼音，再将词语和正确的英文释义连起来
Write Pinyin according to the words, and then match the words with the correct English definitions.

1. 院 ____________	A. be willing to
2. 原因 ____________	B. original; so, as it turns out to be (*indicating that the real situation has bean found*)
3. 越来越 ____________	C. interesting, fun
4. 愿意 ____________	D. cause, reason
5. 月亮 ____________	E. courtyard; designation for certain government offices and public places; college; hospital
6. 原来 ____________	F. visitor, tourist
7. 有意思 ____________	G. moon
8. 游客 ____________	H. more and more

二、选择合适的词语填空　Choose the right words and fill in the blanks.

（一）　A. 油　B. 游客　C. 友好　D. 有空儿　E. 有人

1. 长城上有很多 ____。
2. 你 ____ 时给我打个电话吧，我有事和你商量。
3. 我这里有笔，____ 需要吗？
4. 人们常说："春雨贵如 ____。"
5. 这些行为太不 ____ 了！

（二）　A. 有（一）点儿　B. 有意思　C. 又　D. 鱼　E. 语言

1. 大家都觉得昨天晚上看的电影很 ____。
2. 今天的雨下得 ____ 大 ____ 急。
3. 小孩子特别喜欢看 ____ 在水里游来游去。
4. 张老师会中、英、法三国 ____。
5. 考试没考好，她今天心情 ____ 差。

（三）　A. 原来　B. 原因　C. 院　D. 院长　E. 愿意

1. 小明生病的 ____ 还不清楚，所以他还要在医院接受检查。
2. 这件事我还是告诉了 ____。
3. 到北京后，小明比 ____ 长高了不少。
4. 我们都不 ____ 看到这样的事发生。
5. 爸爸出 ____ 了，全家人都很开心。

（四）　A. 院子　B. 月份　C. 月亮　D. 越　E. 越来越

1. 小明的身体 ____ 好，因为他经常运动。
2. 生活 ____ 好，我们越要注意身体健康问题。
3. 现在天气很凉快，他们坐在 ____ 里喝茶、聊天儿。
4. 小明是去年 11 ____ 参加工作的。
5. 今晚的 ____ 真美！我们一起去院子里看看吧。

三、选择合适的词语完成句子　Choose the right words to complete the sentences.

1. 每到周末，动物园里的 ____ 就会多起来。

A. 游客　　　B. 客人

2. 天很黑，____ 下着雨，路更难走了。

A. 再　　　B. 又

3. 我以为他是中国人，____ 他是日本人。

A. 原来　　　B. 以为

4. 不知是什么 ____，他变得不爱说话了。

A. 原因　　　B. 结果

5. 9 ____ 是学生们开学的时候，街上的人多，车也多。

A. 月亮　　　B. 月份

第 36 单元　Unit 36

◎ 目标词语　Target words

701. 云	702. 运动	703. 咱	704. 咱们	705. 脏
706. 早餐	707. 早晨	708. 早就	709. 怎么办	710. 怎么样
711. 怎样	712. 占	713. 站	714. 站住	715. 长（zhǎng）
716. 长大	717. 找出	718. 照顾	719. 照片	720. 照相

◎ 速记　Quick memory

701 **云**　yún　*n.*　cloud

一朵（duǒ，*a measure word for flowers, clouds, etc.*）云；白云
天上出现了一片云。
今天天气很好，万里无云。

702 **运动**　yùndòng

（1）*v.*　exercise
运动一下儿；开始运动
医生让小明在家里多运动。
咱们出去运动运动。
（2）*n.*　sports
做运动；体育运动
走路是最简单的运动。

703 **咱**　zán　*pron.*　we, us

房子太贵了，咱买不起。
这家人过去对咱多好啊！

704 **咱们**　zánmen　*pron.*　we, us

不论（búlùn，no matter what）发生什么事情，咱们都是一家人。
他不听咱们的，就让他试试吧。

705 **脏**　zāng　*adj.*　dirty

脏衣服；脏水；有点儿脏
衣服弄脏了。
鞋子太脏了，好好洗洗。

706 **早餐**　zǎocān　*n.*　breakfast

一份早餐；中式（shì，style）早餐；吃早餐
快起床，该吃早餐了。
他每天的早餐很简单，两片面包、一杯牛奶加一个鸡蛋。

707 **早晨** zǎochen *n.* early morning

冬天的早晨；早晨的太阳；第二天早晨
今天早晨我起得很早。
我每天早晨都坐公交车去学校。

708 **早就** zǎo jiù already at an earlier time

早就好了；早就开始了
我的作业早就写完了。
妈妈早就准备好了饭菜，就等我们回家了。

709 **怎么办** zěnme bàn what to do

下一步该怎么办，我还没想好。
我们商量一下儿，看看这件事怎么办好。

710 **怎么样** zěnmeyàng *pron.* how; how about

你觉得这件衣服怎么样？
明天就要考试了，小明准备得怎么样了？
我们一起去看电影，怎么样？

711 **怎样** zěnyàng *pron.* how

我怎样才能讲一口流利的中文？
每个青年都应该好好想想自己应该怎样学习、怎样工作、怎样生活。

712 **占** zhàn *v.* occupy

占座位；占多数
我们班女生占一半。
这张桌子太大了，太占地方了。

713 **站** zhàn *v.* stand

站起来；站了10分钟
老师站着上课，学生们坐着听讲。
我弟弟刚学会走路，还不能站很长时间。

714 **站住** zhàn//zhù stop

“站住！”他大喊一声。
站住，我们就在这里把事情说清楚。

715 **长** zhǎng *v.* grow

长大；长胖（pàng，fat）了
她长着一双大大的眼睛。
几年没见，小明长高了不少。

716 **长大** zhǎngdà grow up

早一点儿长大；长大成人
我长大了要当老师。
小猫一天天长大，越来越可爱了。

717 **找出** zhǎochū find out

找出问题；找出方法
请同学们认真看这两张画儿，找出相同点和不同点。
他的病很奇怪（qíguài，strange），到现在医生都没有找出原因。

718 **照顾** zhàogù *v.* look after

照顾小孩儿；互相（hùxiāng，each other）照顾
在妈妈的照顾下，他慢慢好起来了。
天气越来越冷，我们一定要照顾好奶奶。

719 **照片** zhàopiàn *n.* photograph, picture

一张照片；学校的照片；洗照片
这是我们全家的照片。
考试报名需要交两张照片。

720 **照相** zhào//xiàng take a photograph

用手机照相；照一张相
她很会照相，照出来的照片都很好看。
我们跟你的老师和朋友们一起照张相吧。

◎ 速练 Quick practice

一、先根据词语写拼音，再将词语和正确的英文释义连起来
Write Pinyin according to the words, and then match the words with the correct English definitions.

1. 站 ________________	A. take a photograph
2. 长大 ________________	B. occupy
3. 占 ________________	C. find out
4. 脏 ________________	D. look after
5. 照相 ________________	E. exercise; sports
6. 找出 ________________	F. stand
7. 照顾 ________________	G. dirty
8. 运动 ________________	H. grow up

二、选择合适的词语填空 Choose the right words and fill in the blanks.

（一） A. 云 B. 运动 C. 咱 D. 脏 E. 早餐

1. 因为停水，他三天没洗澡了，身上有点儿 ____。
2. 这件衣服的颜色像天上的 ____ 一样白。

3. ____ 很重要，我们每天都应该吃。

4. 好久不见，____ 喝一杯吧。

5. 这次 ____ 会，我参加了 5000 米长跑。

（二） A. 早晨 B. 咱们 C. 早就 D. 怎么办 E. 怎么样

1. 我们都想想这事 ____ 好。

2. 爸爸 ____ 答应我去动物园了，但是他工作太忙，一直没带我去。

3. 你们今天过得 ____？玩儿得开心吗？

4. 我 ____ 出门的时候才发现外面下雪了。

5. ____ 学校的课外活动很多。

（三） A. 怎样 B. 占 C. 站 D. 站住 E. 长

1. 请大家坐好，不要 ____ 起来，音乐会马上就开始了。

2. ____ 才能一天做完这么多工作？

3. ____！别动！

4. 几年不见，门口的小树 ____ 成了一棵大树。

5. 这个房间很小，双人床就 ____ 了一半。

（四） A. 长大 B. 找出 C. 照顾 D. 照片 E. 照相

1. 他在医院受到了很好的 ____。

2. 爸爸家里有很多我们小时候的老 ____。

3. 老师问小明 ____ 以后想做什么。

4. 小明不喜欢 ____，所以家里他的照片很少。

5. 在别人都认为没有问题的地方，他却（què，but）能 ____ 问题。

三、选择合适的词语完成句子 Choose the right words to complete the sentences.

1. 你应该对他说对不起，因为你把他的书弄 ____ 了。

   A. 咱 B. 脏

2. 爸爸一边吃 ____，一边看报纸。

   A. 早晨 B. 早餐

3. 背生词 ____ 去了他不少时间。

   A. 占 B. 站

4. 老师没来，同学们都不知道接下来该 ____。

A. 怎么样　　B. 怎么办

5. 我们一起努力就一定能 ____ 问题。

A. 找出　　B. 找

第 37 单元 Unit 37

◎ 目标词语 Target words

721. 这么	722. 这时候丨这时	723. 这样	724. 真正	725. 正常
726. 正好	727. 正确	728. 正是	729. 直接	730. 只
731. 只能	732. 只要	733. 纸	734. 中餐	735. 中级
736. 中年	737. 中小学	738. 中心	739. 中医	740. 重点

◎ 速记 Quick memory

721 **这么** zhème *pron.* like this; so

这么办；这么多
老师同意我们这么做。
你怎么来得这么晚？

722 **这时候丨这时** zhè shíhou丨zhè shí at this moment

这都2点了，你怎么这时候给我打电话？
小王这时走了进来。

723 **这样** zhèyàng *pron.* this way, like this

这样做；这样说；这样的事情
她这样做一定是有原因的。
我的同桌就是这样一个女孩儿，对人非常热情。

724 **真正** zhēnzhèng *adj.* true, real

真正的问题；真正的朋友
钱买不到真正的爱情。
我们应该找出这件事真正的原因。

725 **正常** zhèngcháng *adj.* normal, ordinary

正常的生活；工作正常
A：他最近的行为有些不正常。
B：过一段时间你就会觉得他的行为是正常的了，因为你习惯了。

726 **正好** zhènghǎo

（1）*adj.* just enough, just in time
大小正好；来得正好
这件衣服你穿正好。
我们开完会了，你来得正好。
（2）*adv.* accidentally, coincidentally
正好开始；正好有时间
今天星期天，正好又是他的生日。
我正好也去听音乐会，下班后一起走吧。

你找我的时候我正好出去了。

727 **正确** zhèngquè *adj.* right, correct

正确的意见；方法正确
只要是正确的意见，我们就应该接受。
这份说明书就是告诉人们怎样正确使用洗衣机的。

728 **正是** zhèng shì exactly

说的正是你；来得正是时候
现在正是夏天，所以天气很热。
太感谢你了，这本书正是我想要的。

729 **直接** zhíjiē *adj.* direct

直接联系（liánxì，contact）；直接原因
这封信你直接交给他就好了。
她说话很直接，你别放在心上。

730 **只** zhǐ *adv.* only, just

只说不做
来北京一年了，他只去过长城。
早上起晚了，早餐我只吃了一个包子。

731 **只能** zhǐ néng only, just (having no other choice)

只能等半小时；只能在这里
这条路一次只能走一辆车。
我对这个问题不清楚，只能说不知道。

732 **只要** zhǐyào *conj.* as long as

你只要努力，就能学好中文。
只要有机会，他就会去图书馆看书。

733 **纸** zhǐ *n.* paper

一页纸；白纸
2000 多年前，中国就有了纸。
他忘了带本子，只能在纸上做笔记。

734 **中餐** zhōngcān *n.* Chinese food; lunch

吃中餐；做中餐
比起西餐，我更喜欢中餐。
中餐我一般在公司楼下的小饭馆吃。

735 **中级** zhōngjí *adj.* intermediate

中级班；中级水平
他学过一段时间的中文，所以想上中级班。
HSK 四级是中文中级水平。

736 **中年** zhōngnián *n.* middle age

中年男人；人到中年

他今年40岁，已进入中年。
我的中文老师是一个中年人。

737 **中小学** zhōng-xiǎoxué primary and middle schools

中小学课本；中小学教师
国家非常重视中小学教育。
9月1号是全国中小学开学的日子。

738 **中心** zhōngxīn *n.* center; core

活动中心；中心问题
王爷爷常去老年活动中心唱歌。
有了孩子以后，孩子就成了她生活的中心。

739 **中医** zhōngyī *n.* traditional Chinese medical science; doctor of traditional Chinese medicine

学中医；看中医
中医有几千年的历史（lìshǐ，history）了
他的病一直是找中医看的。

740 **重点** zhòngdiǎn

（1）*n.* key point
学习的重点；说重点
以上这些就是我们现在的教学重点。
这个工作计划的重点部分他又看了一遍。
（2）*adv.* with priority on
重点发展
这是我们重点发展的技术（jìshù，skill）。
校长说下星期重点检查你们班。

◎ 速练 Quick practice

一、先根据词语写拼音，再将词语和正确的英文释义连起来

Write Pinyin according to the words, and then match the words with the correct English definitions.

1. 中医 ______________	A. normal, ordinary
2. 正常 ______________	B. just enough, just in time; accidentally, coincidentally
3. 中年 ______________	C. traditional Chinese medical science; doctor of traditional Chinese medicine
4. 重点 ______________	D. paper
5. 这时候 ____________	E. middle age
6. 只 ________________	F. only, just
7. 正好 ______________	G. key point; with priority on
8. 纸 ________________	H. at this moment

二、选择合适的词语填空 Choose the right words and fill in the blanks.

（一） A. 这么 B. 这时候 C. 直接 D. 真正 E. 正常

1. 生活在北方的人觉得冬天下雪是很 ____ 的事情。
2. ____ 多事，他一个人做不完，你帮一下儿他。
3. 我放学后就 ____ 回家了，没去别的地方。
4. 老师问大家："我们生活中 ____ 重要的东西是什么？"
5. 他 ____ 还没来，应该是不会来了。

（二） A. 正好 B. 正确 C 正是 D. 这样 E. 只

1. 这件事情我 ____ 告诉过他一个人，别人都不知道。
2. 你来得 ____，我有事情要和你商量。
3. 他 ____ 做完全是为了你好，你不应该生气。
4. 找到 ____ 的方法，我们就能又快又好地完成工作。
5. 这不 ____ 你想要的结果吗？怎么还不高兴呢？

（三） A. 只能 B. 只要 C. 纸 D. 中餐 E. 中级

1. 虽然我们都在 ____ 班学习，但大家的中文水平不一样。
2. 这么晚了，公交车、地铁都停了，我 ____ 坐出租车回家。
3. 这里有 ____，也有西餐，你可以随便选。
4. ____ 大家一起努力，我们就能完成这个工作。
5. 桌上放着一页 ____。

（四） A. 中年 B. 中小学 C. 中心 D. 中医 E. 重点

1. 同学们说周日先在活动 ____ 见面，然后再去公园。
2. 现在人们的看法发生了变化，很多人信 ____，也信西医。
3. 我们的校长是个 ____ 人。
4. 工作中，____ 问题我们要 ____ 解决。
5. 每年的 9 月 1 日是全国 ____ 开学的日子。

三、选择合适的词语完成句子 Choose the right words to complete the sentences.

1. ____ 的朋友会在你最需要帮助时出现在你身边。

   A. 正常 B. 真正

2. 今天星期六，____ 又是妈妈的生日，我们出去吃饭吧。

   A. 正好　　　B. 正是

3. 小明今天生病了，我们 ____ 下个月再去爬山了。

   A. 只要　　　B. 只能

4. ____ 越来越受到外国人的欢迎。

   A. 中餐　　　B. 午餐

5. 他说了半天，我们也没弄清楚 ____ 是什么。

   A. 重要　　　B. 重点

第 38 单元 Unit 38

◎ 目标词语 Target words

741. 重视	742. 周	743. 周末	744. 周年	745. 主人
746. 主要	747. 住房	748. 住院	749. 装	750. 准确
751. 自己	752. 自行车	753. 自由	754. 字典	755. 走过
756. 走进	757. 走开	758. 租	759. 组	760. 组成

◎ 速记 Quick memory

741 **重视** zhòngshì *v.* attach importance to

非常重视；重视学习
经理对他提出的意见非常重视。
家长们都很重视孩子的教育问题。

742 **周** zhōu *m.* week

一周；上周
小明说他想回家休假一周。
旅行的时间改到下周了。

743 **周末** zhōumò *n.* weekend

上周末；周末快乐
我和妈妈准备周末去公园。
我周末很忙，要参加两个会。

744 **周年** zhōunián *n.* anniversary

三周年
今天是他和他女朋友认识五周年的日子。
这家商店在举行周年庆（qìng，celebration）活动，东西特别便宜。

745 **主人** zhǔ·rén *n.* master; host

女主人；热情的主人
这个房子的主人这两天不在家。
来的客人很多，所以主人有点儿忙。

746 **主要** zhǔyào *adj.* main

主要原因；主要工作
他的主要问题是想得太多，做得太少。
碰到困难可以找朋友帮忙，但主要还是靠自己。

747 **住房** zhùfáng *n.* house, accommodation

一套住房；住房问题

这里的住房条件很不错。
房子越来越贵，住房问题是人们最关心的。

748 **住院** zhù//yuàn be in hospital

住院的时候；生病住院
这个病人需要马上住院。
小明生病了，住了一个月的院。

749 **装** zhuāng *v.* install; pretend

装书；装病；不懂装懂
这个瓶子是用来装花的。
她不是真的在哭，是装的。
他装成一个老奶奶的样子，别人都没看出来。

750 **准确** zhǔnquè *adj.* accurate

准确的回答；计算（jìsuàn，calculate）准确
写作文的用词一定要准确。
这个结果不准确，你再算一下儿。

751 **自己** zìjǐ *pron.* oneself

她自己；我们自己
他总觉得自己比别人好。
这件事你可以自己动手，不需要别人。

752 **自行车** zìxíngchē *n.* bicycle

一辆自行车；女式自行车
我家里有一辆新自行车。
小朋友们经常在院子里骑自行车。

753 **自由** zìyóu

（1）*n.* freedom
真正的自由；爱自由
每个人都希望（xīwàng，hope）得到自由。
你有选择（xuǎnzé，choose）朋友的自由。
（2）*adj.* free
自由参加；自由活动
课上，老师让同学们自由讨论。
我不喜欢去别人家做客（zuò//kè，be a guest），因为没有在自己家自由。

754 **字典** zìdiǎn *n.* dictionary

一本字典；中文字典
小明正在用字典查汉字。
那本字典大约有60万字。

755 **走过** zǒuguò pass by, walk through

走过这条街，就到我家了。
他从我面前走过，但没看见我。

756 **走进** zǒujìn walk into, step in

走进商店；走进教室
医生走进病人的房间，为病人做检查。
爸妈睡着了，她轻轻走进了自己的房间。

757 **走开** zǒukāi walk away, go away

她走开了一会儿，又回来了。
她生气地对身边的人说："你们走开！"

758 **租** zū *v.* rent

租车；租一间房
这套房子我们已经租了三年了。
租房子或者买房子都要花不少钱。

759 **组** zǔ

（1）*v.* organize, form
组队；组词
我们三个人组队参加篮球比赛。
老师带同学们玩儿汉字组词的游戏，看谁组得多，组得对。
（2）*n.* group
小组；老年组；组长
我们组有三个男生、四个女生。
这次的读书活动我们分为青少年组、中年组和老年组。

760 **组成** zǔchéng *v.* make up, compose

五人组成一组；组成公司
他们班的十个人组成了一支篮球队。
这次考试由 [yóu，(be done) by] 口试和笔试组成。

◎ 速练 Quick practice

一、先根据词语写拼音，再将词语和正确的英文释义连起来
Write Pinyin according to the words, and then match the words with the correct English definitions.

1. 周年 ______________	A. rent
2. 自由 ______________	B. accurate
3. 租 ______________	C. organize, form; group
4. 组 ______________	D. freedom; free
5. 准确 ______________	E. main
6. 重视 ______________	F. anniversary
7. 主要 ______________	G. master; host
8. 主人 ______________	H. attach importance to

二、选择合适的词语填空 Choose the right words and fill in the blanks.

（一） A. 重视 B. 周 C. 周末 D. 周年 E. 主人

1. 我在网上买的东西会在一 ____ 内送到。
2. 学校举行了成立（chénglì，establish）六十 ____ 的庆祝（qìngzhù，celebration）活动。
3. 安全问题必须一直讲，这样大家才能 ____。
4. 那只小狗跟在 ____ 身后慢慢地走着。
5. 一到 ____ 就有许多人去公园运动。

（二） A. 主要 B. 住房 C. 住院 D. 装 E. 准确

1. 别 ____ 睡了，快起床吧。
2. 我们家的 ____ 成员（chéngyuán，member）有爸爸、妈妈、爷爷、奶奶和我。
3. 王老师 ____ 了，我和同学们准备去医院看她。
4. 请问，你知道明天开会的 ____ 时间吗？
5. 城市 ____ 问题是大家都重视的大问题，我们要让人们有房住，住好房。

（三） A. 自己 B. 自行车 C. 自由 D. 字典 E. 走过

1. 你认为自己想去哪儿就去哪儿、想做什么就做什么就是真正的 ____ 吗？
2. 我手里的钱不够买那本中文 ____，你可以借我点儿钱吗？
3. 小明家里有汽车，所以很少骑 ____ 出门。
4. 他们一起 ____ 了人生中最重要的日子。
5. 方便让给别人，困难留给 ____。

（四） A. 走进 B. 走开 C. 租 D. 组 E. 组成

1. 在一次重要的工作小 ____ 会议（huìyì，meeting）上，他们说出了自己的想法。
2. 学习是我生活的重要 ____ 部分。
3. 早上 8 点，经理准时 ____ 了办公室。
4. 这个房子很大，而且有点儿贵，我一个人 ____ 不合适。
5. 她看见我一直在忙着打电话，就从我身边 ____ 了。

三、选择合适的词语完成句子　Choose the right words to complete the sentences.

1. 为了庆祝爸爸妈妈结婚三十 ____，我买了许多花。

A. 周末　　B. 周年

2. 她 ____ 有一段时间了，你应该去看一看。

A. 住房　　B. 住院

3. 孩子们都希望家长给他们一定的 ____。

A. 自由　　B. 自己

4. 这一 ____ 照片都是她照的。

A. 队　　B. 组

5. 她没有生病，____ 病是因为不想去上学。

A. 得　　B. 装

第39单元 Unit 39

◎ 目标词语 Target words

761. 组长	762. 嘴	763. 最近	764. 作家	765. 作文
766. 作业	767. 作用	768. 座	769. 座位	770. 做到
771. 做法	772. 做饭			

◎ 速记 Quick memory

761 **组长** zǔzhǎng *n.* group leader

两名组长；选组长；当组长
他们小组选他当组长。
小明是我们学习小组的组长。

762 **嘴** zuǐ *n.* mouth

小嘴；嘴大
他心里怎么想，嘴上就怎么说。
他虽然嘴上不说，但心里什么都明白。

763 **最近** zuìjìn *n.* recently

最近一次；最近几天
好久不见，你最近过得怎么样？
我最近很忙，有时间再去找你。

764 **作家** zuòjiā *n.* writer

一位作家；有名的作家
我长大以后想当作家。
这位青年作家一年写了三本小说。

765 **作文** zuòwén *n.* composition

写作文；一篇作文
小明的作文写得比小红好。
原来的作文找不到了，我又重新写了一篇。

766 **作业** zuòyè *n.* homework

家庭作业；留作业；改作业
这周的作业下周三前交给班长。
小明回家的第一件事就是写作业。

767 **作用** zuòyòng *n.* effect, function

重要作用；有作用；起作用
只说不做是没有作用的。
家庭教育对孩子有着很大的作用。

768 **座** zuò *m.* *a measure word for buildings, mountains and similar immovable objects*

一座山；一座房子
马路的左边是一座高山。
学校门前的那座楼好高啊！

769 **座位** zuò · wèi *n.* seat

换座位；一个座位
这个电影院有2000多个座位。
坐火车我喜欢选靠过道（guòdào，aisle）的座位。

770 **做到** zuòdào achieve

说到做到；努力做到
想到不一定能做到。
要求孩子做到的，家长自己也必须做到。

771 **做法** zuò · fǎ *n.* way of doing something

这种做法；改变做法
他的做法是正确的。
这道菜有很多种做法。

772 **做饭** zuò//fàn cook

正在做饭；会做饭；做完饭
她每天早上6点起来为孩子们做饭。
一个人生活，也要好好做饭好好吃。

◎ 速练 Quick practice

一、先根据词语写拼音，再将词语和正确的英文释义连起来
Write Pinyin according to the words, and then match the words with the correct English definitions.

1. 做饭 ________________	A. homework
2. 做到 ________________	B. cook
3. 座位 ________________	C. composition
4. 作业 ________________	D. effect, function
5. 作用 ________________	E. achieve
6. 作家 ________________	F. writer
7. 最近 ________________	G. seat
8. 作文 ________________	H. recently

二、选择合适的词语填空　Choose the right words and fill in the blanks.

（一）　A. 组长　B. 嘴　C. 最近　D. 作家

1. ____ 天气很热，别出去玩儿了。

2. ____ 问他为什么这两天没有来公司上班，他也不说话。

3. 他年轻的时候就成了有名的 ____，写了很多好小说。

4. 这个小孩儿 ____ 很甜（tián，sweet），说的话让人听着很舒服。

（二）　A. 作文　B. 作业　C. 作用　D. 座

1. 小明教我的学习方法起 ____ 了，我的成绩比以前提高了不少。

2. 要写好 ____，就要多读多写。

3. 这 ____ 山太高了，不太好爬。

4. 只要 ____ 完成了，你随便干什么都可以。

（三）　A. 座位　B. 做到　C. 做法　D. 做饭

1. 他说他能 ____，你就让他去做吧。

2. 我认为这种 ____ 有一些问题。

3. 奶奶年纪（niánjì，age）大了，____ 的时候常忘记放盐（yán，salt）。

4. 车上人不多，我们很快就找到了 ____。

三、选择合适的词语完成句子　Choose the right words to complete the sentences.

1. 看他生气的样子，我的话到了 ____ 边但没有说。

　A. 手　B. 嘴

2. 医生说这种药对你的病有 ____。

　A. 作业　B. 作用

3. 考试的时候，他离开自己的 ____ 去找同学借笔。

　A. 座位　B. 座

4. 爸爸办事一直都是说到 ____，朋友们都很相信他。

　A. 做到　B. 做法

语法术语缩略形式一览表
Abbreviations for Grammar Terms

缩略形式 Abbreviations	英文名称 Grammar Terms in English	中文名称 Grammar Terms in Chinese
adj.	Adjective	形容词
adv.	Adverb	副词
conj.	Conjunction	连词
int.	Interjection	叹词
m.	Measure Word	量词
n.	Noun	名词
nu.	Numeral	数词
ono.	Onomatopoeia	拟声词
pref.	Prefix	前缀
prep.	Preposition	介词
pron.	Pronoun	代词
pt.	Particle	助词
suf.	Suffix	后缀
v.	Verb	动词

二级词汇检索表
Index of Vocabulary Level 2